Knäckebrot mit Obatzter (Foto)

Für 2 Portionen

125 g kalorienreduzierter Camembert (14 % Fett) (z. B. von Du darfst)
30 g Halbfettbutter (z. B. von Du darfst)
1/2 TL TK-Zwiebeln, gewürfelt
1–2 TL helles Bier
1 kräftige Prise Kümmelpulver
2 TL Paprika edelsüß oder rosenscharf
Salz
frisch gemahlener weißer Pfeffer
1/2 kleine rote Paprikaschote
2 Scheiben Knäckebrot, ballaststoffreich

- Camembert und Halbfettbutter 20 Minuten vor der Zubereitung aus dem Kühlschrank nehmen.
- Camembert fein würfeln, mit einer Gabel gut zerdrücken und mit Halbfettbutter, Zwiebeln, Bier, Kümmel und Paprika verrühren. Mit Salz und Pfeffer pikant abschmecken.
- Paprikaschote waschen, putzen und in Streifen schneiden.
- Zum Servieren den angemachten Käse auf den Knäckebrotscheiben verteilen. Mit einigen Paprikastreifen und nach Belieben mit etwas Salat garnieren, die restliche Paprika dazu essen.

Info

Obatzter oder Obatzta ist ein bayerischer Begriff, und gemeint ist damit angemachter Käse (vorzugsweise Camembert). Obatzter hält sich gut verschlossen in einem Porzellangefäß 1 bis 2 Tage im Kühlschrank.

Tipp

Sollte der Camembert eine etwas zu feste äußere Schicht haben, schneiden Sie diese ab.

Tomaten-Gurken-Brot

Für 1 Portion

10 g Halbfettbutter (z. B. von Du darfst)
10 g Hefe-Extrakt (z. B. Vitam-R)
1 mittelgroße Tomate (50 g)
1 Stück Salatgurke (50 g)
1 Scheibe Grahambrot (40 g)
1 TL TK-Petersilie
1 TL Sesamsamen

- Halbfettbutter mit Hefe-Extrakt verrühren. Tomate und Gurke waschen, trockentupfen, beides in dünne Scheiben schneiden.
- Grahambrotscheibe leicht toasten, mit der Hefe-Extrakt-Butter-Mischung bestreichen, Petersilie und Sesamsamen darüber verteilen und mit Tomaten- und Gurkenscheiben belegen.

Variante
Versuchen Sie mal statt Gurke kleine zarte Zucchinischeiben.

Müsli – zum Energietanken

Molke-Müsli mit Apfel und Leinsamen

Für 1 Portion

1 kleiner Apfel (Jonagold oder Golden Delicious)
3 EL Apfelsaft
1 TL Honig
10 g Rosinen
Saft von 1/2 Zitrone
20 g Kernige Haferflocken
5 g Leinsamen
10 g Molkepulver
2 Johannisbeerrispen

- Apfel schälen, vierteln, entkernen und klein schneiden. Zusammen mit Apfelsaft, 2 Esslöffel Wasser und Honig in einem Topf 3 Minuten zugedeckt dünsten. Die Rosinen zufügen und alles noch einmal aufkochen lassen. Mit Zitronensaft beträufeln. Die Apfelstücke in der Flüssigkeit abkühlen lassen.
- Kernige Haferflocken und Leinsamen in einer beschichteten Pfanne ohne Fett unter Wenden hellgelb rösten, herausnehmen und abkühlen lassen.
- Molkepulver nach Packungsanweisung in 100 ml kaltem Wasser anrühren.
- Apfelstücke in einem tiefen Teller anrichten und die Haferflockenmischung darüber verteilen. Molke dazugießen. Mit Johannisbeeren garnieren.

Info

Molke ist eine grünlich milchige Flüssigkeit, die bei der Käserei nach Milchgerinnung und Abscheiden des Kaseins, zurückbleibt. Wird die Gerinnung durch Lab herbeigeführt, bleibt süße Labmolke zurück; wird Milchsäure für die Gerinnung verwendet, entsteht Sauermolke. Molke enthält viele Mineralstoffe.

Apfel-Zimt-Müsli

Für 1 Portion

1 kleiner Apfel
150 g Dickmilch (1,5 % Fett)
2 Tropfen Vanille-Aroma
2 EL Müsli-Mischung (selbst gemacht, Rezept unten)
1 Msp. Zimt

- Apfel waschen, trockentupfen und grob raspeln.
- Dickmilch und Vanille-Aroma verrühren. Den geraspelten Apfel untermischen.
- Müsli-Mischung darüber verteilen. Mit Zimt bestäuben.

Variante
Statt einen Apfel können Sie für dieses Müsli auch eine reife Birne verwenden.

Müsli-Mischung selbst gemacht

Für 10 Portionen

62,5 g Knusprige Haferfleks mit Kleie (z. B. von Kölln)
50 g Kernige Haferflocken
25 g Haferkleie Flocken
25 g Haselnüsse, gehackt
25 g Sonnenblumenkerne
25 g Kurpflaumen
25 g Aprikosen, getrocknet
25 g Rosinen
10 g Pflanzenmargarine
25 g Honig
1–2 EL Zitronensaft

- Haferfleks, Haferflocken, Haferkleie Flocken, Haselnüsse und Sonnenblumenkerne mischen.
- Kurpflaumen und Aprikosen waschen, trockentupfen und fein schneiden. Die Rosinen untermischen.
- Pflanzenmargarine, Honig und Zitronensaft unter ständigem Rühren so lange kochen, bis die Masse leicht bräunt. Mit den anderen Zutaten mischen.
- Das Müsli auskühlen lassen. Danach in eine gut schließende Dose oder ein Vorratsglas geben.

Info
Diese selbst zusammengestellte Müsli-Mischung ist ballaststoffreich, sättigend und reicht für 10 Portionen von je 30 Gramm, das sind etwa 2 gehäufte Esslöffel.

Aprikosen-Melonen-Müsli

Für 1 Portion

1 Aprikose
150 g Melonenfleisch (Galia-, Honig oder Netzmelone)
2 EL Müsli-Mischung (selbst gemacht, siehe Seite 38)
100 g Kefir (1,5 % Fett)

- Aprikose waschen, trockentupfen, entsteinen und in Stücke schneiden.
- Das Melonenfleisch würfeln und mit den Aprikosenstücken in einer Schüssel mischen.
- Müsli-Mischung und Kefir darüber verteilen.

Variante
Statt Aprikose können Sie auch einen kleinen reifen Pfirsich verwenden.

Dickmilch-Birnen-Müsli

Für 1 Portion

1/2 kleine Birne (60 g)
Saft und abgeriebene Schale von 1/2 unbehandelten Zitrone
125 g Dickmilch (1,5 % Fett)
2–3 Tropfen Süßstoff
2 EL Müsli-Mischung (selbst gemacht, siehe Seite 38)

- Birne entkernen und klein schneiden. Zitronensaft und -schale zufügen.
- Dickmilch mit Süßstoff verrühren. Die Birnenstücke auf einen Teller geben und die Dickmilch darüber verteilen.
- Die Müsli-Mischung darüber streuen.

Tipp
Sollte die Birne nicht saftig genug sein, empfiehlt es sich, sie grob zu raspeln.

Vollwert-Müsli mit Weizensprossen (Foto)

Für 1 Portion

1 kleine Banane, 1 kleine Orange
30 g Brombeeren, 30 g Weintrauben
5 g frische Weizensprossen
3 TL Zitronensaft
1/2 TL Tannenhonig (5 g)
125 g Buttermilch (z. B. Reine Buttermilch von Müller)
10 g Cornflakes

- Banane pellen und in Scheiben schneiden. Orange mit einem scharfen Messer schälen, die Filets zwischen den Trennwänden herausschneiden und halbieren.
- Brombeeren und Weintrauben abbrausen, abtropfen lassen. Die Weintrauben vom Stiel zupfen, halbieren und entkernen.
- Obst auf einen tiefen Teller geben, die Weizensprossen darüber geben.
- Zitronensaft und Tannenhonig mit Buttermilch verrühren, über die Früchte geben und mit Cornflakes bestreuen.

Info

Weizenkörner können Sie auch selbst zum Keimen bringen: Körner kalt abspülen, über Nacht in einem Gefäß (oder einer Keim-Box) in warmem Wasser einweichen und quellen lassen; am nächsten Tag abgießen und bei 21 °C keimen lassen. Täglich 1 bis 2 mal abspülen. Ernte: nach 3 Tagen. Ergiebigkeit: 1 Esslöffel Körner (25 g) ergeben etwa 50 Gramm Sprossen.

Bananen-Müsli mit Sonnenblumenkernen

Für 1 Portion

1 kleine Banane
3 Spritzer Zitronensaft
2 TL Crème légère (15 % Fett)
100 ml fettarme Milch
3 EL Haferflocken
1/2 EL Sonnenblumenkerne, gehackt

- Banane pellen, längs halbieren, in Scheiben schneiden und mit Zitronensaft beträufeln.
- Crème légère mit Milch verrühren und über die Banane geben. Haferflocken und Sonnenblumenkerne darüber streuen.

Variante

Statt der Sonnenblumenkerne können Sie auch Kürbiskerne verwenden.

Buttermilch-Trauben-Müsli (Foto)

Für 1 Portion

5 g Rosinen, 30 g blaue oder grüne Weintrauben, 1/2 kleine Birne (60 g)
1 kleine Mandarine (30 g Fruchtfleisch), 25 g Vollkornhaferflocken
5 g frisch geschrotete Weizenkörner
125 g Buttermilch (z. B. Reine Buttermilch von Müller)
1 TL (5 g) Birnendicksaft (Reformhaus)
1 TL (5 g) Sanddornmark, ungesüßt (Reformhaus)

- Rosinen in wenig Wasser einweichen. Die Weintrauben waschen, die Beeren vom Stiel zupfen, halbieren und entkernen.
- Birne waschen, entkernen und in dünne Scheibchen schneiden.
- Mandarine pellen, in Spalten teilen und halbieren.
- Haferflocken und Weizenschrot mischen und in einen tiefen Teller geben. Die Weinbeeren, Mandarinen, Rosinen und Birnenspalten mischen und auf den Haferflocken verteilen.
- Buttermilch, Birnendicksaft und Sanddornmark verrühren und darüber geben.

Quark-Müsli mit Blaubeeren

Für 1 Portion

100 g Blaubeeren
100 g Magerquark
1 EL Crème légère (15 % Fett)
3 EL kohlensäurehaltiges Mineralwasser
abgeriebene Schale von 1/4 unbehandelter Zitrone
3 Tropfen flüssiger Süßstoff
1 EL Müsli-Mischung (selbst gemacht, siehe Seite 38)

- Die Blaubeeren abbrausen, abtropfen lassen und beiseite stellen.
- Magerquark, Crème légère und Mineralwasser verrühren. Mit Zitronenschale und Süßstoff würzen.
- Müsli-Mischung darüber streuen. Blaubeeren darauf verteilen.

Variante

Statt der frischen Beeren können Sie auch TK-Brom-, Him- oder Waldbeeren verwenden.

Kirsch-Joghurt mit Cornflakes

Für 1 Portion

100 g Kirschen
6 Tropfen flüssiger Süßstoff
150 g Magermilch-Joghurt
(0,3 % Fett)
2 TL Crème légère (15 % Fett)
20 g Cornflakes
1 Msp. Zimt

- Kirschen abbrausen, trockentupfen, entstielen, entkernen und halbieren. Mit 3 Tropfen Süßstoff beträufeln und zugedeckt beiseite stellen.
- Magermilch-Joghurt mit Crème légère und dem restlichen Süßstoff verrühren. Auf die Kirschen geben. Darüber die Cornflakes verteilen und mit Zimt bestäuben.

Variante

Statt Crème légère können Sie auch Vega légère verwenden. Vega légère ist auf Magermilchbasis mit Pflanzenfett hergestellt.

Früchtetraum

Für 1 Portion

125 g Früchte (z. B. Erdbeeren, Äpfel, Weintrauben)
1/2 TL Honig (z. B. von Langnese Feine Auslese)
einige Spritzer Zitronensaft
1 EL (20 g) Crème légère (15 % Fett)
50 g Kefir (1,5 % Fett)
je 1 TL Orangen- und Zitronensaft
30 g Vitalis Müsli Plus (z. B. von Dr. Oetker)

- Früchte abbrausen, putzen bzw. schälen, klein schneiden und mit Honig und Zitronensaft mischen.
- Crème légère mit Kefir, Orangen- und Zitronensaft verrühren. Die Früchte auf einem Teller anrichten, Crème légère-Mischung und Müsli darüber verteilen und sofort anrichten.

Info
Vitalis Müsli Plus ist besonders ballaststoffreich. Das Plus wird durch den zusätzlichen Ballaststoff Oligofructose mit probiotischer Wirkung realisiert. Regelmäßig verzehrt, fördert er eine ausgeglichene Darmflora. So bietet dieses Müsli-Produkt einen Beitrag zur ausgewogenen Ernährung.

Dickmilch-Himbeer-Müsli

Für 1 Portion

100 g frische Himbeeren
150 g Dickmilch (1,5 % Fett)
30 g Früchte-Müsli (Fertigprodukt)

- Die Himbeeren mit einem Küchentuch abtupfen und in einen tiefen Teller geben.
- Dickmilch darüber verteilen, mit dem Früchte-Müsli bestreuen.

Tipp
Sollten Sie keine erntefrischen Himbeeren bekommen, können Sie auch tiefgefrorene Himbeeren verwenden und diese nach dem Auftauen mit 1 Teelöffel Himbeer-Fruchtaufstrich (z. B. von Du darfst) vermischen.

Melonen-Knusper-Müsli

Für 1 Portion

300 g Honigmelone
1 kleine Kiwi
1/2 Ananasscheibe, ungezuckert (Dose)
1 Pfirsichhälfte (Dose)
1/2 TL Honig (z. B. Langnese Feine Auslese)
25 g Vitalis Knusper Müsli (z. B. von Dr. Oetker)

- Von der Honigmelone Schale und Kerne entfernen, das Fruchtfleisch würfeln.
- Kiwi schälen, vierteln und in Scheiben schneiden. Ananas und Pfirsich in Stücke schneiden.
- Honig vorsichtig unter die Früchte mischen. Alles auf einem Teller anrichten. Vitalis Knusper Müsli darüber geben.

Info
Das Knusper Müsli enthält sonnengereifte Rosinen und schonend geröstete Weizenkeime. Durch ein spezielles Röstverfahren bleibt das Müsli lange schön knusprig.

Trauben-Toppas-Müsli

Für 1 Portion

1/4 Mangofrucht
1/2 Becher (75 g) Magermilch-Joghurt (0,3 % Fett)
100 ml Magermilch (0,3 % Fett)
40 g Toppas Traube (z. B. von Kellogg's)

- Mangofruchtfleisch vom Kern schneiden und würfeln.
- Magermilch-Joghurt und Magermilch verrühren.
- Toppas Traube mit den Mangostückchen mischen und die Joghurtmasse darüber verteilen.

Info
Die Mangofrucht – auch Königin der Früchte genannt – enthält, je nach Sorte, 10 bis 16 % Zucker und ist reich an B-Vitaminen, Vitamin E, C und besonders an Provitamin A. Mangofruchtfleisch gilt als verdauungsfördernd.

Fitness-Cornflakes-Müsli

Für 1 Portion

1 mittelgroße junge Möhre (50 g)
1/2 Apfel (40 g)
etwas Zitronensaft, 1/2 TL Honig
20 g Weintrauben
2 EL Magermilch-Joghurt (0,3 % Fett)
30 g Cornflakes (z. B. von Kellogg's)

- Die Möhre waschen, eventuell die Haut abschaben und die Möhre fein reiben. Den Apfel entkernen und grob reiben. Möhren- und Apfelraspel mit Zitronensaft und Honig mischen.
- Weintrauben waschen, trockentupfen, die Weinbeeren von den Stielen zupfen, halbieren, entkernen und unter die Möhren-Apfel-Mischung geben.
- Magermilch-Joghurt und die Cornflakes darüber verteilen.

Tipp

Früh- (von Februar bis Mai) oder Sommermöhren (von Juni bis September) sollten möglichst am Einkaufstag zubereitet werden, damit sie ihren guten süßen Geschmack behalten. Ansonsten nicht länger als 1 bis 2 Tage im Gemüsefach des Kühlschrankes aufbewahren.

Maracuja-Trauben-Quark mit Toppas

Für 1 Portion

50 g Magerquark
2 EL Maracujasaft
50 g grüne Weintrauben
1 TL Cashewkerne
20 g Toppas Classic (z. B. von Kellogg's)
3 EL fettarme Milch (1,5 % Fett)

- Quark und Maracujasaft gut verrühren.
- Weintrauben abbrausen, trockentupfen, Beeren von den Stielen zupfen, halbieren und entkernen. Cashewkerne grob hacken und in einer beschichteten Pfanne ohne Fett hellgelb rösten.
- Maracujaquark in einen tiefen Teller geben, Weinbeeren, Cashewnüsse und Toppas darüber verteilen. Die fettarme Milch darüber gießen.

Variante

Statt Cashewkerne können Sie auch gehackte Mandeln verwenden.

Melonen-Müsli (Foto)

Für 1 Portion

150 g Wassermelonenfruchtfleisch
75 g Netz- oder Honigmelonenfruchtfleisch
1 EL Ananasstücke (35 g, frisch oder aus der Dose), 1/2 Banane
1 EL Zitronensaft
3 EL Kernige Haferflocken (z. B. von Kölln)
1 TL gehackte Kürbiskerne
100 ml Magermilch (0,3 % Fett)

- Das Melonenfruchtfleisch würfeln. Den Saft dabei auffangen.
- Ananas und Banane in Stücke schneiden. Das Obst mit dem Zitronensaft vermischen.
- Haferflocken und Kürbiskerne darüber streuen. Mit der Milch begießen. Sofort servieren.

Tipp

Das Müsli schmeckt auch mit nur einer Melonensorte. Süßer wird das Müsli mit 2 bis 3 Tropfen flüssigem Süßstoff.

Hauptgerichte – von würzig bis scharf

Wok-Gemüse mit Macadamianüssen

Für 2 Portionen

125 g Jasminreis
100 g Zucchini
2 Möhren
1 Petersilienwurzel (50 g)
1 kleine Frühlingszwiebel
1 kleine Fenchelknolle
1 rote Chilischote
1 EL Australische Macadamianüsse (ungesalzen)
1 EL Maiskeimöl
1 TL Apfeldicksaft
2 TL Sojasauce
200 ml Kräuter-Bouillon
2 EL Zitronensaft

- Reis nach Packungsanweisung zubereiten.
- Gemüse putzen und waschen. Zucchini, Möhren, Petersilienwurzel, Frühlingszwiebel und Fenchel klein schneiden. Chilischoten waschen, längs aufschlitzen, entkernen und die Hälften fein schneiden. Macadamianüsse grob hacken.
- Pflanzenöl im Wok erhitzen. Gemüse portionsweise unter Pfannenrühren kurz anbraten. Apfeldicksaft, Sojasauce, Kräuter-Bouillon und Zitronensaft zugeben. Noch 5 Minuten zugedeckt schmoren lassen.
- Mit Macadamianüssen bestreuen und mit dem Reis anrichten.

Info

Australische Macadamianüsse enthalten 84 % einfach ungesättigte Fettsäuren, die den Cholesterinspiegel senken und somit auch Herz- und Kreislauf-Erkrankungen vorbeugen können.

Gebratener Reis mit Gemüse

Für 2 Portionen

2 Shiitake-Pilze, getrocknet (z. B. von Bamboo Garden Thai)
125 g Langkorn- oder thailändischer Duftreis
30 g durchwachsener Speck
3 rote Chilischoten
1 Stück Ingwerwurzel (2 cm)
1 EL TK-Knoblauch, gewürfelt
100 g Champignons
6 kleine Frühlingszwiebeln
1 EL Maiskeimöl
100 g Bambus-Schösslinge, in Streifen (Glas)
Salz
frisch gemahlener weißer Pfeffer
3 EL TK-Perlerbsen
7 EL Asia-Fond (Glas)
1 EL Sojasauce, süß
2 EL Fischsauce (z. B. von Bamboo Garden Thai)

- Pilze gründlich abbrausen und in Wasser 15 Minuten quellen lassen.
- Reis nach Packungsanweisung zubereiten und in einer Schüssel abkühlen lassen.
- Speck würfeln. Chilischoten längs aufschlitzen, entkernen und fein hacken. Ingwer schälen, würfeln und alles mit den Knoblauchwürfeln mischen.
- Champignons putzen, abreiben und in dünne Scheiben schneiden. Frühlingszwiebeln waschen, in dünne Ringe schneiden. Von den Pilzen die Stiele entfernen. Die Hüte grob hacken.
- Öl im Wok erhitzen, die Speckwürfelmischung unter Pfannenrühren anbraten, zugedeckt 1 Minute garen. Beide Pilzsorten, abgetropfte Bambus-Schösslinge und Frühlingszwiebeln zufügen, salzen und pfeffern. Die Erbsen einstreuen, Asia-Fond zugeben und noch 2 Minuten zugedeckt schmoren. Alles herausnehmen und warm stellen.
- Den kalten Reis in den Wok geben, noch 1 Minute unter Pfannenrühren braten, das Gemüse untermischen. Mit Soja- und Fischsauce würzen.

Variante

Statt der Speckwürfel 1 Teelöffel kalorienreduzierte Butter und 4 Esslöffel Gemüse-Kraftbouillon mit dem Asia-Fond und zusätzlich 2 dünne Stiele Bleichsellerie und 1 kleine Möhre – beides in dünne Streifen geschnitten – in den Wok geben.

Tipp

Reis nach Möglichkeit in einer größeren Schüssel abkühlen lassen. Da der Reis in der Wärme des Kochtopfes noch weiter quillt, würden die Reiskörner sonst aneinander kleben, und der Reis ließe sich nur schlecht mit dem Gemüse mischen.

Buntes Gemüse mit Sesam

Für 1 Portion

150 g Blumenkohlröschen
150 g Brokkoliröschen
2 Möhren
50 g thailändische Zuckerschoten
50 g Champignons
200 g weißer Spargel
1 Knoblauchzehe
1 TL Sesamsamen
2 EL Maiskeimöl
200 ml Asia-Fond (Glas)
Saft von 1 Kaffir-Limette
1 TL Sojasauce
1 TL Chilipaste

- Gemüse putzen und waschen. Blumenkohl- und Brokkoliröschen eventuell noch zerteilen. Möhren schälen und streifig schneiden. Große Zuckerschoten halbieren, Champignons abtupfen und blättrig schneiden. Spargel schälen und in dünne Scheiben schneiden. Knoblauchzehe pellen und zerdrücken.
- Sesamsamen ohne Fett im Wok unter kräftigem Pfannenrühren rösten und herausnehmen.
- Öl im Wok erhitzen, Blumenkohl und Brokkoli unter starkem Pfannenrühren 3 Minuten garen. Das restliche Gemüse und den Knoblauch zugeben und zugedeckt etwa 2 Minuten schmoren lassen.
- Asia-Fond, Limettensaft, Sojasauce und Chilipaste verrühren, zugießen und alles etwa 8 Minuten zugedeckt schmoren. Zum Servieren mit Sesamsamen bestreuen.

Info

Alle Gemüse, die Sie im Asien-Laden kaufen können, sind besonders zierlich und klein, wie z. B. Frühlingszwiebeln, Möhren, Mangold, Zuckerschoten.

Tipp

Die einzelnen Gemüsesorten lassen sich jeweils durch angetautes gemischtes TK-Gemüse ersetzen.

Reis mit Orangen und Mango

Für 2 Portionen

2 Orangen
1 kleine Mangofrucht
1 rote Chilischote, getrocknet
1 EL Maiskeimöl
1 TL TK-Zwiebeln, gewürfelt
125 g Risottoreis
200–250 ml Gemüse-Fond (Glas)
50 ml Weißwein
Salz
3 kleine Frühlingszwiebeln
1 EL Weißweinessig
2 TL Parmesankäse, gerieben
frisch gemahlener weißer Pfeffer
1/2 Bund Koriander, frisch

- Eine Orange auspressen, die andere mit einem scharfen Messer schälen und zwischen den Trennwänden die Filets herausschneiden.
- Die Mangofrucht schälen, das Fruchtfleisch vom Stein schneiden und würfeln. Chilischote zerdrücken.
- Öl im Wok erhitzen, Zwiebelwürfel, Chilischote und Reis zufügen. Unter Pfannenrühren 3 Minuten glasig braten. Gemüsefond, Weißwein und 4 Esslöffel Wasser zugeben, mit Salz würzen. Zugedeckt 25 Minuten quellen lassen. Zwischendurch umrühren.
- Frühlingszwiebeln abbrausen, trockenschwenken und in Ringe schneiden. 5 Minuten vor Ende der Garzeit mit den Mangostücken unter den Risotto geben. Orangensaft und Essig darunter rühren.
- Orangenfilets und Parmesankäse unterheben. Noch einmal mit Salz und Pfeffer würzen. Koriander abbrausen, trockenschwenken, grob schneiden und unter den Risotto heben.

Tipp

Statt frisches Korianderkraut können Sie Koriander-Grün aus dem Glas (z. B. von Bamboo Garden Thai) verwenden. Das wird kurz vor dem Anrichten unter das Gericht gegeben. Keinesfalls mitkochen lassen!

Info

Eine essreife Mangofrucht gibt auf leichten Fingerdruck nach und verströmt meist einen angenehmen Duft. Die Farbe ist für die Reife nicht maßgebend. Eine noch unreife Mangofrucht reift in einer Plastiktüte zusammen mit anderen Früchten, z. B. Bananen oder Äpfel, schneller nach.

Gebratener Reis mit Früchten

Für 2 Portionen

125 g Jasminreis
2 rote Chilischoten
2 getrocknete Tomaten
1 EL kernlose Rosinen
1 Dose gemischtes Obst (290 g Einwaage)
1 EL Maiskeimöl
1 EL TK-Zwiebeln, gewürfelt
1 EL TK-Knoblauch, gewürfelt
2 EL Fischsauce (z. B. von Bamboo Garden Thai)
1 TL Grüne Curry-Paste (z. B. von Bamboo Garden Thai)
Salz
3 Tropfen flüssiger Süßstoff

- Reis nach Packungsanweisung zubereiten und in einer Schüssel abkühlen lassen.
- Chilischoten waschen, längs aufschlitzen, entkernen und die Hälften fein hacken. Tomaten fein schneiden. Rosinen waschen und trockentupfen.
- Saft vom Obst abgießen und bis auf 3 Esslöffel mit den Rosinen mischen, restlichen Saft anderweitig verwenden.
- Öl im Wok erhitzen, die Zwiebel-Knoblauch-Würfel und die Chilischoten unter ständigem Pfannenrühren 1 Minute braten.
- Gegarten Reis, Obststücke mit Rosinen und Saft zugeben. Unter Rühren 4 Minuten erhitzen und mit Fischsauce, Curry-Paste, Salz und Süßstoff würzen.
- Tomatenstücke zugeben und das Ganze noch 1/2 Minute unter Pfannenrühren garen.

Info

Rote, grüne oder gelbe Curry-Paste selbst herzustellen lohnt nicht. Es sind sehr gute Fertigprodukte (z. B. von Bamboo Garden und Kattus) in gut sortierten Supermärkten erhältlich. Diese werden alle nach strengen Vorschriften in Asien nach Originalrezepten hergestellt.
Übrigens mit im Würzspiel von Curry-Pasten sind unter anderem Zimt, Pfeffer, Kreuzkümmel, Chilischoten, Garnelenpaste, Zitronengras, Ingwer und Koriander.

Asiatisches Gemüse

Für 1 Portion

1 Stange Lauch (250 g)
1 rote Paprikaschote (250 g)
1 Möhre
200 g Austernpilze
100 g Sojabohnen-Keimlinge
1 rote Chilischote
2 EL Maiskeimöl
100 ml Gemüse-Kraftbouillon
(z. B. von Knorr)
3 EL Sojasauce
100 g Glasnudeln

- Gemüse putzen und waschen. Austernpilze trocken abreiben. Lauch, Paprikaschote, Möhren und Austernpilze in feine Streifen schneiden. Die Sojabohnen-Keimlinge abbrausen und gut abtropfen lassen.
- Chilischote waschen, längs aufschlitzen, entkernen und fein hacken.
- Maiskeimöl im Wok erhitzen, Chilischoten und Austernpilze zufügen und unter Pfannenrühren 3 Minuten anbraten. Möhren-, Paprikaschoten- und Lauchstreifen zufügen und weitere 2 Minuten unter Pfannenrühren garen.
- Mit Gemüse-Kraftbouillon aufgießen. Sojasauce einrühren und noch 3 Minuten zugedeckt schmoren lassen.
- Glasnudeln in kaltem Wasser 10 Minuten einweichen, abtropfen lassen, mit einer Küchenschere in 4 cm lange Stücke schneiden und in reichlich Salzwasser in einem Topf aufkochen, die Nudeln darin nur kurz ziehen lassen, auf einem Sieb abgießen, gut abtropfen lassen.
- Gemüse auf den Glasnudeln anrichten und während des Essens vermischen.

Info

Die Unterscheidung hell und dunkel gibt es nur für chinesische Sojasauce. Japanische Sojasauce von erstklassiger Qualität trägt die Aufschrift »natürlich gebraut« und gibt einen kurzen Hinweis auf die Zutatenliste. Sojabohnen, Weizen, Wasser und Salz sind für eine natürlich hergestellte und wohlschmeckende Sojasauce absolut ausreichend.

Tipp
Einen angebrochenen Beutel Fix für China-Pfanne »Chop Suey« können Sie in einer Dose gut verschlossen bis zur nächsten Anwendung aufbewahren.

Vegetarische Chinapfanne Sinkiang

Für 2 Portionen

10 g Erdnusskerne, ungesalzen
75 g Langkornreis
100 g kleine Austernpilze
75 g Sojabohnen-Keimlinge (Glas)
2 kleine Frühlingszwiebeln
1 kleine Möhre
1 EL Sonnenblumenöl (z. B. von Thomy)
190 ml Wasser
1/2 Beutel Fix für China-Pfanne »Chop Suey« (z. B. von Maggi)
1 EL Sojasauce

- Erdnüsse in einer Pfanne ohne Fett goldgelb rösten, herausnehmen und beiseite stellen.
- Reis nach Packungsanweisung zubereiten.
- Austernpilze trocken abreiben, eventuell klein schneiden. Sojabohnen-Keimlinge abbrausen und abtropfen lassen.
- Frühlingszwiebeln und Möhre putzen, waschen, trockenschwenken. Frühlingszwiebeln schräg in Ringe, die Möhre in Scheiben schneiden.
- Öl im Wok erhitzen. Die Pilze unter Pfannenrühren anbraten, das Gemüse zufügen, zugedeckt 3 Minuten schmoren; zwischendurch wenden. Das Gemüse herausnehmen, warm stellen.
- Wasser zugießen, den Inhalt des halben Beutels Fix für China-Pfanne »Chop Suey« einrühren, aufkochen und 10 Minuten bei kleiner Hitze zugedeckt kochen lassen. Mit Sojasauce würzen.
- Gemüse und Pilze in die Sauce geben, mit Erdnüssen bestreuen. Mit Reis anrichten.

Eiernudeln mit Tofu und Spinat

Für 2 Portionen

100 g Eier Mie Nudeln (z. B. von Bamboo Garden)
3 Portions-Stücke TK-Blattspinat (je 112,5 g)
200 g Tofu
1 kleine rote Paprikaschote
2 rote Chilischoten
1 Stück Ingwerwurzel (2 cm)
2 EL Sojasauce
2 EL Fischsauce
150 ml Gemüse-Kraftbouillon
4 TL Maiskeimöl
1 EL TK-Knoblauch, gewürfelt
1 EL TK-Zwiebeln, gewürfelt
2 TL Kaffir-Limettensaft
Salz
frisch gemahlener weißer Pfeffer

- Eiernudeln in kochendem Salzwasser etwa 4 Minuten garen, auf einem Sieb gut abtropfen lassen.
- Spinat bei Raumtemperatur auftauen lassen. Tofu in 2 cm große Würfel schneiden. Paprika putzen, waschen und klein würfeln.
- Chilischoten längs aufschlitzen, entkernen und fein hacken. Ingwer schälen, fein hacken und alles mit Soja- und Fischsauce und Gemüse-Kraftbouillon verrühren. Die Tofuwürfel darin 20 Minuten marinieren.
- 2 Teelöffel Öl im Wok erhitzen. Die Tofuwürfel trockentupfen und unter Pfannenrühren im Wok braten, herausnehmen und warm stellen.
- Restliches Öl im Wok erhitzen, Paprika-, Knoblauch- und Zwiebelwürfel zufügen und darin unter Pfannenrühren 1/2 Minute garen.
- Spinat mit der entstandenen Flüssigkeit in den Wok geben, unter Pfannenrühren 1 Minute erhitzen, salzen und pfeffern. Tofumarinade, Limettensaft, Tofuwürfel und Nudeln zugeben und zugedeckt 1/2 Minute schmoren. Mit Salz und Pfeffer würzen.

Info
Die Eier Mie Nudeln werden aus Weizenmehl und Eiern (auch Enteneiern) hergestellt. Statt der Eiernudeln können Sie auch Reisnudeln verwenden, die aus Reismehl und Wasser zubereitet werden.

Info

Sojabohnen-Keimlinge sind die Keime der gelben Sojabohne. Sie sind etwa 10 cm lang, enthalten viele Vitamine und Proteine. Die Keime der Mungbohne, die auch grüne Sojabohne genannt wird, schmecken lieblicher als die der gelben. Sojabohnen- und Mungbohnen-Keimlinge sind frisch abgepackt erhältlich, sie können aber auch selbst gezogen werden. Vor dem Verwenden immer gründlich kalt abspülen!

Schweinegeschnetzeltes Shanghai

Für 2 Portionen

250 g Schweinefleisch (z. B. Schweinefilet)
1 EL Maiskeimöl (z. B. von Mazola)
1/2 kleine rote Paprikaschote
70 g Ananasstücke (Dose) mit 50 ml Ananassaft
50 g Soja- oder Mungbohnen-Keimlinge (Glas)
1/2 Beutel Fix für Schmorbraten (z. B. von Knorr)
1–2 EL Sojasauce, süß

- Schweinefleisch kalt waschen, trockentupfen und in Streifen schneiden.
- Öl im Wok erhitzen und das Fleisch darin unter Pfannenrühren 4 Minuten braten. Fleisch herausnehmen und warm stellen.
- Paprikaschote putzen, waschen und in Streifen schneiden. Ananasstücke abtropfen lassen. Die Soja- oder Mungbohnen-Keimlinge abbrausen, gut abtropfen lassen.
- Paprikastreifen in den Wok geben, 2 Minuten pfannenrühren, die Ananasstücke und den Saft zufügen, 200 Milliliter Wasser aufgießen, den halben Beutelinhalt Fix für Schmorbraten einrühren.
- Das geschnetzelte Fleisch unter das Gemüse heben. Alles noch einmal erhitzen und mit Sojasauce abschmecken.

Schweinefleisch mit Tamarinde

Für 2 Portionen

2 Scheiben Schweinefleisch aus der Keule (je 150 g)
1 EL helle Sojasauce
2 EL Tamarindenmus
2 Kaffir-Limettenblätter
1 grüne Chilischote
1 EL TK-Zwiebeln, gewürfelt
100 ml Gemüse-Kraftbouillon (z. B. von Knorr)
Saft von 1 Kaffir-Limette
Salz
2 EL Fischsauce
200 g Staudensellerie (Asia-Laden)
2 EL Maiskeimöl
1 kräftige Prise Szechuanpfeffer
4 Tropfen flüssiger Süßstoff
1 EL Reiswein
1/4 TL Agar-Agar

- Fleischscheiben trockentupfen und quer zur Faser in dünne Streifen schneiden. In Sojasauce zugedeckt marinieren.
- Tamarindenmus in 3 Esslöffel lauwarmem Wasser 15 Minuten einweichen und durch ein Sieb streichen.
- Limettenblätter fein schneiden. Die Chilischote waschen, längs aufschlitzen, entkernen und fein hacken. Alles mit Tamarindenmus, Zwiebelwürfeln, Gemüse-Kraftbouillon, Limettensaft, Salz und Fischsauce verrühren.
- Staudensellerie abbrausen und in etwa 1/2 cm dünne Stücke schneiden.
- Öl in einem Wok stark erhitzen, Fleischstreifen unter kräftigem Pfannenrühren etwa 2 Minuten garen. Mit der Gemüse-Kraftbouillonmischung ablöschen, Staudensellerie unterheben, mit Salz, Szechuanpfeffer, Süßstoff und Reiswein würzen. Agar-Agar in 2 bis 3 Esslöffel heißem Wasser verrühren, zum Fleisch geben und 1 bis 2 Minuten mitkochen lassen.

Variante

Statt des schmalgewachsenen asiatischen Staudenselleries (oder einer Bleichselleriestange) verwenden Sie grünen Spargel oder grüne Böhnchen. Diese vorher 4 Minuten in Salzwasser vorgaren.

Tipp

Tamarindenmus kann durch Zitronen- oder Limettensaft ersetzt werden.

Rindfleisch mit Galgant und Zitronengras

Für 2 Portionen

50 g Jasminreis
2 Chilischoten, getrocknet
1 Stück Galgantwurzel (2 cm)
1 Stiel Zitronengras
2 Kaffir-Limettenblätter
1 EL TK-Knoblauch, gewürfelt
1 EL TK-Zwiebeln, gewürfelt
1 TL Garnelenpaste
2 Scheiben Rindfleisch aus der Keule (je 150 g)
2 EL Maiskeimöl
5 EL Rinds-Bouillon
2 EL Fischsauce
abgeriebene Schale von 1/2 Kaffir-Limette

- Reis nach Packungsanweisung zubereiten.
- Chilischoten entstielen und zerkrümeln. Galgantwurzel schälen und würfeln. Zitronengras fein schneiden. Limettenblätter halbieren, Blattrippe entfernen, Blätter fein schneiden. Knoblauch- und Zwiebelwürfel noch feiner hacken. Alle Zutaten im Mörser zerstoßen und mit Garnelenpaste mischen.
- Rindfleisch trockentupfen und quer zur Faser in dünne Streifen schneiden.
- Öl im Wok erhitzen, das Fleisch zugeben und 1/2 Minute unter Pfannenrühren anbraten, die Gewürzmischung zufügen und unter kräftigem Pfannenrühren weitere 2 Minuten garen. Die Rinds-Bouillon zugießen. Fischsauce und Limettenschale unterrühren. Auf vorgewärmten Tellern mit Jasminreis anrichten.

Info

Statt Garnelenpaste können Sie auch Krustentierpaste (Supermarkt) verwenden. Sie ist im Geruch neutral, gibt aber vielen Speisen einen hervorragenden Geschmack.

Variante

Zusätzlich 50 Gramm geschälte, gewürfelte und 10 Minuten in Wasser gegarte Tarowurzel (stärkehaltige Wurzel der Süßkartoffel) oder eine Hand voll Sojabohnen-Keimlinge 3 Minuten vor Ende der Kochzeit unterheben.

Hirschfleisch süßsauer

Für 2 Portionen

2 Scheiben neuseeländisches Hirschfleisch aus der Keule (je 150 g)
150 g Brokkoli- und Romanescoröschen
1/2 rote Paprikaschote
50 g Zuckerschoten
30 g Sojabohnen-Keimlinge (Glas)
50 g frische Shiitake-Pilze
2 kleine rote Chilischoten
2 EL Maiskeimöl
3 EL Sojasauce
2 EL Sherry, trocken
100 g Glasnudeln
Salz
1 EL TK-Zwiebeln, gewürfelt
1 EL Honig
50 ml Gemüse-Fond (z. B. von Lacroix)
1/4 TL Agar-Agar
1 EL Sesamsamen
1 Msp. Koriander-Grün (Glas)

Info
Neuseeländisches Hirschfleisch passt besonders zur modernen Ernährung und in die asiatische Küche. Das Fleisch ist zart und mild-aromatisch, fett- und cholesterinarm. Das Wild ernährt sich von Gräsern, unterschiedlichen Roggensorten und wildem Chicorée. Das Fleisch ist ganzjährig verfügbar und wird küchenfertig vakuumverpackt, frisch gekühlt oder gefroren angeboten.

- Fleisch kalt waschen, trockentupfen und quer zur Faser in Würfel schneiden.
- Gemüse putzen und waschen. Brokkoli- und Romanescoröschen zerteilen. Paprikaschote in Streifen schneiden, größere Zuckerschoten halbieren. Sojabohnen-Keimlinge abtropfen lassen. Shiitake-Pilze trocken abreiben und streifig schneiden. Chilischoten längs aufschlitzen, entkernen und fein hacken.
- 1 Esslöffel Öl im Wok erhitzen. Das Hirschfleisch darin unter Pfannenrühren 3 bis 4 Minuten anbraten, 2 Esslöffel Sojasauce und 1 Esslöffel Sherry zufügen, wenden, herausnehmen und warm stellen.
- Glasnudeln in kaltem Wasser 10 Minuten einweichen, abtropfen lassen, mit der Küchenschere in 4 cm lange Stücke schneiden und 1 Minute in kochendem Salzwasser ziehen lassen.
- Restliches Öl, Zwiebeln, Chilischoten, die Paprikaschoten- und Shiitakestreifen zugeben und unter Pfannenrühren 2 Minuten anbraten. Kohlröschen zufügen und alles 4 Minuten braten.

- Hirschfleisch mit dem entstandenen Fleischsaft, Honig und Gemüse-Fond zugeben und aufkochen lassen. Sojabohnen-Keimlinge und Zuckerschoten unterheben.
- Agar-Agar mit 2 bis 3 Esslöffel heißem Wasser verrühren, 1 bis 2 Minuten kochen lassen. Sesamsamen und Koriander-Grün unterrühren.
- Das Gericht mit den abgetropften Glasnudeln anrichten.

Gebratene Glasnudeln mit Fleisch

Für 2 Portionen

100 g Glasnudeln
200 g Hähnchenbrustfilet oder Schweinefleisch
50 g Sojabohnen-Keimlinge
5 Stiele thailändischer Koriander
3 EL Wok-Öl
2 EL TK-Knoblauch, gewürfelt
3 EL TK-Suppengrün
1 Ei (Gr.-Kl. M)
1 EL Fischsauce
1 TL Reisessig, Salz
frisch gemahlener weißer Pfeffer

- Glasnudeln in heißem Wasser 10 Minuten quellen lassen, herausnehmen und in etwa 7 cm lange Stücke schneiden.
- Fleisch quer zur Faser in dünne Streifen schneiden. Sojabohnen-Keimlinge und Koriander abbrausen und gut trockenschwenken.
- Öl im Wok erhitzen, Knoblauchwürfel und Suppengrün unter Pfannenrühren 1 Minute braten. Die Fleischstreifen zugeben und 1 weitere Minute braten. Glasnudeln unterheben und noch 1/2 Minute zugedeckt garen. In die Mitte der Fleisch-Nudel-Masse eine Vertiefung drücken, das Ei hineingeben, verrühren und stocken lassen.
- Sojabohnen-Keimlinge unterheben. 5 Minuten zugedeckt garen. Mit Fischsauce, Reisessig, Salz und Pfeffer würzen. Korianderblätter grob schneiden und darüber streuen.

Info

Wok-Öl (z. B. von Bamboo Garden) ist hitzebeständig und unterstreicht den Eigengeschmack der Zutaten. Als Variante ist möglich: Sesamöl. Es wird aus den Samen der Sesampflanze durch Pressen und Extrahieren gewonnen. Das Öl ist hellgelb bis bernsteinfarben, geruchlos und hat einen angenehmen, intensiven Geschmack. Das Sesamöl aus gerösteten Sesamsamen wird nur tropfenweise als Würzöl verwendet.

Cashew-Chicken

Für 2 Portionen

75 g Basmatireis
300 g Hähnchenbrustfilet
Salz
frisch gemahlener weißer Pfeffer
4 kleine Frühlingszwiebeln (Asia-Laden)
1 kleine rote Paprikaschote
2 EL Sonnenblumenöl (z. B. von Thomy)
30 g Cashewkerne (ungesalzen)
100 ml Internationale Würzsauce Asia (z. B. von Maggi)

- Reis nach Packungsanweisung zubereiten.
- Hähnchenbrustfilet kalt waschen, trockentupfen, in Würfel schneiden und mit Salz und Pfeffer würzen.
- Frühlingszwiebeln putzen, waschen und schräg in Ringe schneiden. Paprikaschote putzen, waschen und in Streifen schneiden.
- 1 Esslöffel Öl im Wok erhitzen, die Cashewkerne darin 1 Minute pfannenrühren, herausnehmen und auf Küchenpapier abtropfen lassen.
- Restliches Öl im Wok erhitzen, das Geflügelfleisch zufügen und 2 Minuten unter Pfannenrühren anbraten. Gemüse zugeben und weitere 3 Minuten pfannenrühren.
- Würzsauce Asia zugeben und erhitzen. Das Gericht sofort mit dem Reis anrichten.

Variante

Sie können statt der Cashewkerne auch Erdnüsse verwenden, aber dann nur frische. Die bereits gerösteten und gesalzenen werden beim Braten dunkel und schmecken bitter.

Hähnchen China-Art (Foto)

Für 2 Portionen

70 g Ananasscheiben (Dose)
2 EL Maiskeimöl
1 EL Sojasauce
1 TL Sherry, trocken
je 1 Msp. Ingwerpulver und Madras-Curry
200 g Hähnchenbrustfilet
1/2 Beutel Fix für knuspriges Wiener Schnitzel (z. B. von Knorr)
200 g Mungbohnen-Keimlinge (Glas), 3 EL weißer Balsamessig
Salz
frisch gemahlener weißer Pfeffer
einige Korianderblätter

- Ananasscheiben in dünne Streifen schneiden.
- 1 Teelöffel Öl im Wok erhitzen, Ananasstücke, Sojasauce und Sherry unter Pfannenrühren dazugeben und mit Ingwer- und Currypulver würzen. Ananasstücke herausnehmen.
- In das Hähnchenbrustfilet längs eine Tasche schneiden, die gewürzten Ananasstücke hineingeben und mit Holzstäbchen zustecken.
- Den Inhalt von 1/2 Beutel Fix für knuspriges Wiener Schnitzel auf einem Teller verteilen. Das Fleisch mit wenig kaltem Wasser befeuchten, in der Panade wenden, dabei gut andrücken.
- Restliches Öl im Wok erhitzen, das Schnitzel darin unter Pfannenrühren etwa 5 bis 8 Minuten braten.
- Mungbohnen-Keimlinge kalt abbrausen, gut abtropfen lassen. In einer Schüssel mit etwas Essig, Salz und Pfeffer wenden, mit Korianderblättern bestreuen und zum Hähnchengericht anrichten.

Tipp

Wenn Sie das Gericht lieber schärfer mögen, verwenden Sie Bombay-Curry. Der ist würzig-scharf.

Info

Hähnchenfleisch wird in der chinesischen Küche in vielen Variationen verwendet. In Südchina wird es eher zart und süß zubereitet, im Norden dagegen scharf gewürzt. Eine Tradition, die aus den unterschiedlichen klimatischen Verhältnissen entstanden ist.

Grünes Puten-Curry mit Erbsen

Für 2 Portionen

350 g Putenbrustfilet
2 grüne Chilischoten
1 EL Maiskeimöl, 150 g Kokosmilch
150 ml Hühner-Kraftbouillon
2 EL Fischsauce (z. B. von Bamboo Garden Thai)
1 EL Grüne Curry-Paste, 125 g TK-Erbsen, 1/2 TL Koriander-Grün

- Putenbrustfilet kalt waschen, trockentupfen und quer zur Faser in Streifen schneiden. Die Chilischoten waschen, längs aufschlitzen, entstielen, entkernen und fein hacken.
- Öl im Wok stark erhitzen, die Chilischoten und Putenbruststreifen zugeben und unter Pfannenrühren 1 Minute garen.
- Kokosmilch, Bouillon, Fischsauce, Curry-Paste und Erbsen zugeben, Koriander unterheben, 2 Minuten mitschmoren.

Variante

Statt Erbsen können Sie auch nach Geschmack anderes grünes Gemüse, z. B. klein geschnittene Zuckerschoten, Brokkoliröschen, Bleichselleriescheiben oder Pak Soi verwenden.

Variante

Zwei, die zusammengehören und das grüne Hähnchen-Curry würzen: Grüne Curry-Paste und grüne Chilischoten. Mit dieser Mischung kann auch ein grünes Rindfleisch-Curry zubereitet werden.

Tipp

Ob für Geflügel- oder Fleischgerichte, das Fleisch sollte stets erstklassig und frisch sein.

Rotes Hähnchen-Curry

Für 2 Portionen

400 g Hähnchenbrustfilet
1 TL Speisestärke
2 Kaffir-Limettenblätter
2 frische rote Chilischoten
1 EL Maiskeimöl
1 EL TK-Zwiebeln, gewürfelt
1 EL TK-Knoblauch, gewürfelt
200 ml Kokosmilch
2 EL Rote Curry-Paste
1 EL Fischsauce, 4 Tropfen Süßstoff
3 Stiele Basilikum
4 Stiele Koriander

- Hähnchenbrustfilet kalt waschen, trockentupfen, in 2 cm große Würfel schneiden, mit der Speisestärke bestäuben und mischen.
- Limettenblätter halbieren, dicke Rippen entfernen und die Blätter in sehr feine Streifen schneiden. Chilischoten längs aufschlitzen, entkernen und fein hacken.
- Öl im Wok erhitzen. Fleisch zufügen und unter Rühren anrösten. Zwiebel und Knoblauch einstreuen. Kokosmilch, Curry-Paste, Fischsauce und Süßstoff zufügen, 1 Minute garen.
- Basilikum und Koriander abbrausen, trockenschwenken, die Blätter abzupfen und vor dem Servieren unterheben.

Grünes Curry mit Pute (Foto)

Für 2 Portionen

75 g Jasminreis
125 g Putenbrustfilet
1 TL China-Würzmischung
50 g Zuckerschoten
1 rote Paprikaschote
50 g Stangensellerie
1/2 Glas Bambus-Schösslinge in Streifen (90 g), 1 EL Wok-Öl
1 1/2 TL Grüne Curry-Paste (z. B. von Bamboo Garden Thai)
100 ml Geflügel-Fond (z. B. von Lacroix), 200 ml Kokosmilch
1/2 TL Zitronengras (Glas)
1/2 TL Koriander-Grün
2 EL Fischsauce
4 thailändische Basilikumblätter

- Reis nach Packungsanweisung zubereiten.
- Putenfleisch kalt waschen, in dünne Streifen schneiden und mit der China-Würzmischung rundherum bestreuen.
- Gemüse putzen und waschen. Zuckerschoten in kochendem Salzwasser 3 Minuten ziehen lassen, herausnehmen, kalt abschrecken und halbieren. Paprika putzen und in Würfel schneiden. Sellerie in Scheiben schneiden. Bambus abtropfen lassen.
- Wok-Öl im Wok erhitzen, die Putenstreifen darin 2 Minuten braten, warm stellen. Curry-Paste und Gemüse dazugeben, unter Pfannenrühren 3 Minuten braten. Putenstreifen unterheben, mit Geflügelfond und Kokosmilch aufgießen und alles nochmal kurz aufkochen.
- Zuckerschoten, Zitronengras, Koriander und Fischsauce zugeben. Mit Basilikum bestreuen und mit Reis anrichten.

Tipp

Statt frischem Koriander können Sie auch Koriandergrün aus dem Glas verwenden.

Hähnchenpfanne mit Ingwer und Cashewkernen

Für 2 Portionen

2 EL Cashewkerne (ungesalzen)
200 g Hähnchenbrustfilet
1 EL Maiskeimöl
200 g gemischte Pilze (z.B. Pfifferlinge und Champignons)
1 kleine Stange Lauch
1 Stück Ingwerwurzel (2 cm)
50 ml Cremefine zum Kochen
1 Beutel Fix für Kräuter-Rahmschnitzel (z. B. von Knorr)
Salz
frisch gemahlener weißer Pfeffer
1 Prise Zucker

Tipp
Statt Pilze klein geschnittene Bambussprossen (Dose) oder Sojasprossen-Keimlinge und statt Cashewkerne Mandelblättchen verwenden.

- Cashewkerne grob hacken und im heißen Wok ohne Fett hellgelb rösten, herausnehmen und beiseite stellen.
- Hähnchenbrustfilet kalt waschen, gut trockentupfen und in Würfel schneiden.
- Öl im Wok erhitzen, die Hähnchenbrustfiletwürfel darin goldbraun anbraten, herausnehmen und warm stellen.
- Pilze putzen, trocken abtupfen und in Stücke schneiden. Lauch waschen, trockenschwenken und in Ringe schneiden. Ingwer schälen und fein würfeln. Pilze, Lauch und Ingwer in den Wok geben und im restlichen Bratfett bei mittlerer Hitze etwa 3 Minuten pfannenrühren.
- 250 Milliliter Wasser und Cremefine dazugießen, den Beutelinhalt Fix für Kräuter-Rahmschnitzel einrühren, unter Rühren aufkochen und 1 Minute kochen lassen. Das Fleisch mit dem entstandenen Fleischsaft unterheben. Mit Salz, Pfeffer und Zucker würzen. Mit den Cashewkernen bestreut anrichten.

Entenbrust süßsauer

Für 2 Portionen

1 Knoblauchzehe
1 Stück Ingwerwurzel (3 cm)
1 Möhre
1 grüne Paprikaschote
2 junge Frühlingszwiebeln
1 küchenfertiges kleines Entenbrustfilet (200 g)
200 g Ananasstücke (Dose) mit 4 EL Ananassaft
6 EL Enten-Fond (Glas)
2 EL Tomatenketchup
3 EL Oyster-Sauce
2 TL Maiskeimöl
Salz, frisch gemahlener weißer Pfeffer
2 EL Fischsauce (z. B. von Bamboo Garden Thai)
1 kräftige Msp. Agar-Agar
3 Tropfen Süßstoff
1–2 EL Weißweinessig

- Knoblauchzehe pellen, Ingwer schälen, beides hacken. Das Gemüse putzen und waschen. Möhre schälen und grob raspeln. Paprikaschote vierteln, Stiele, weiße Kerne und Trennwände entfernen, Paprikaviertel würfeln. Frühlingszwiebeln in dünne Ringe schneiden.
- Entenbrust kalt waschen, trockentupfen und in 1/2 cm dicke Scheiben schneiden.
- Ananasstücke abgießen, den Saft auffangen. Ananasstücke zerkleinern. 4 Esslöffel Ananassaft, Entenfond, Tomatenketchup und Oyster-Sauce verrühren.
- Öl im Wok erhitzen, die Fleischstreifen bei starker Hitze 2 Minuten unter Pfannenrühren braten, salzen, pfeffern, mit Fischsauce beträufeln, herausnehmen und warm stellen.
- Gemüse, Knoblauch- und Ingwerstücke im Wok unter Pfannenrühren etwa 1 Minute garen. Ananasstücke, Fleischstreifen und die Ananassaftmischung unterheben.
- Agar-Agar und 1 bis 2 Esslöffel heißes Wasser verrühren, zur Gemüse-Fleisch-Mischung geben, 1 bis 2 Minuten kochen lassen. Mit Salz, Pfeffer, Süßstoff und Essig würzen.

Tipp

Sie können auch frische Ananas verwenden. Sollte diese nicht genug Saft enthalten, pürieren Sie ein wenig Fruchtfleisch mit etwas Wasser.

Info

Frischer, saftiger Ingwer lässt sich stückchenweise durch die Knoblauchpresse drücken. Hauchdünne, eingelegte Ingwerscheiben (Gari) in Gläsern (z. B. von Kattus) erleichtern die Verwendung von Ingwer.

Tilapia-Filet auf Ingwer-Kürbisgemüse

Für 2 Portionen

400 g gelbfleischiger Kürbis (z. B. Hokkaido)
2 Frühlingszwiebeln
1 Stück Ingwerwurzel (2 cm)
1 kleine rote Chilischote, getrocknet
300 g Tilapia-Filet
abgeriebene Schale und Saft von 1 unbehandelten Limette
1 EL Sonnenblumenöl
100 g Eier Mie Nudeln (z. B. von Bamboo Garden)
100 g Kokosmilch
100 ml Gemüse-Kraftbouillon (z. B. von Knorr)
Salz
1 TL Koriander-Grün (Glas)

- Kürbis schälen und entkernen. Das Kürbisfleisch in feine Scheiben schneiden.
- Frühlingszwiebeln putzen, waschen und in dünne Ringe schneiden. Ingwer schälen und sehr fein würfeln. Chilischote zerbröseln.
- Tilapia-Filet kalt waschen und trockentupfen. Das Filet in gleichmäßig große Stücke schneiden und mit der Hälfte von Ingwer, Chilischote, Limettensaft und Limettenschale zugedeckt etwa 10 Minuten marinieren.
- 1 Teelöffel Öl im Wok erhitzen, die Fischfiletstücke trockentupfen und im Wok unter Pfannenrühren von beiden Seiten 3 bis 4 Minuten braten, herausnehmen und warm stellen.
- Eiernudeln nach Packungsanweisung zubereiten.
- Kürbis, Frühlingszwiebeln, restlichen Ingwer und Chilischote im restlichen Öl unter Pfannenrühren anbraten. Mit Kokosmilch und Brühe aufgießen, salzen, restlichen Limettensaft und -schale zugeben und noch 4 bis 5 Minuten zugedeckt schmoren. Das Koriander-Grün unterheben.
- Die gebratenen Fischstücke mit dem Gemüse und den Nudeln anrichten.

Info

Die unter dem Namen Tilapia zusammengefassten Fische gehören zur Familie der Buntbarsche, die mit etwa 1000 Arten in den Gewässern der tropischen und subtropischen Gebiete von Afrika, Madagaskar, Südamerika und Asien beheimatet sind. Die bei uns angebotenen Tilapia kommen aus Taiwan. Sie werden frisch, als ganze Fische, als Filets oder als TK-Ware angeboten. Das saftige weiße Fleisch ist mager und von mildem Geschmack.

Makrele mit Pak Soi und Taro

Für 2 Portionen

1 Makrele von ca. 400 g (im Fischgeschäft filetieren lassen)
Salz
frisch gemahlener weißer Pfeffer
200 g Pak Soi
100 g Taroknolle (Süßkartoffel)
1 mittelgroße rote Zwiebel
3 eingelegte Ingwerscheiben (Gari)
2 rote Chilischoten, getrocknet
4 TL Maiskeimöl
1 TL Honig
2 EL Tomatenketchup
1 EL Reisessig
125 ml Fisch-Fond (Glas)
1 EL helle Sojasauce
1 EL Fischsauce
1 EL Oyster-Sauce
1 EL Garnelenpaste
3 Stiele Koriander

- Makrelenfilet trockentupfen, in etwa 2 cm große Stücke schneiden, salzen und pfeffern.
- Pak Soi waschen, Stiele und Blätter getrennt klein schneiden. Taroknolle und Zwiebel schälen und alles in kleine Würfel schneiden. Ingwerscheiben abtropfen und fein schneiden. Chilischote zerkrümeln.
- 1 Teelöffel Öl im Wok erhitzen, Pak-Soi-Stiele, Taro-, Zwiebel-, und Ingwerstücke unter Pfannenrühren 1 Minute braten, salzen und pfeffern. Zugedeckt 8 Minuten dünsten.
- Honig, Tomatenketchup, Reisessig und Fisch-Fond zugießen. Pak-Soi-Blätter zugeben und 2 Minuten garen. Alles aus dem Wok nehmen und warm stellen.
- Restliches Öl im Wok erhitzen, die Fischstücke darin unter Pfannenrühren 2 bis 3 Minuten braten. Das Gemüse mit dem Bratfond zufügen und mit Soja-, Fisch- und Oyster-Sauce und Garnelenpaste würzen. Mit grob gehackten Korianderblättern bestreut anrichten.

Info

Taro ist eine fassförmige, ovale Knolle mit brauner, behaarter Schale und weißem, von braunvioletten Adern durchzogenem Fleisch. Sie wird wie die Kartoffel verwendet. Sie schmeckt allerdings am besten, wenn die Adern nicht zu erkennen sind.

Variante

Statt Taroknolle lassen sich auch herkömmlich fest kochende Kartoffeln verwenden. In gut sortierten Gemüsegeschäften gibt es auch blaue Kartoffeln, die ebenfalls geeignet sind. Statt Pak Soi passt auch schmal gewachsener thailändischer Mangold oder nur 2 Stiele deutscher Mangold.

Gebratener Reis mit Meeresfrüchten

Für 2 Portionen

125 g Langkorn- oder thailändischer Reis
300 g TK-Meeresfrüchte, gemischt
2 kleine Frühlingszwiebeln
1 EL Maiskeimöl
2 EL TK-Zwiebeln, gewürfelt
1 EL TK-Knoblauch, gewürfelt
1 TL Rote Curry-Paste
2 EL Fischsauce (z. B. von Bamboo Garden Thai)
4 EL stückige Tomaten (z. B. von Tomato al Gusto)
1/2 TL gemahlene Galgantwurzel
1/2 TL Zitronengras (Glas)
frisch gemahlener weißer Pfeffer
Salz
grob geschroteter Szechuanpfeffer
1 TL Koriander-Grün (Glas)

- Reis nach Packungsanweisung zubereiten und in einer Schüssel erkalten lassen. Meeresfrüchte auftauen. Sehr große Tintenfischringe halbieren oder vierteln.
- Frühlingszwiebeln sorgfältig putzen, waschen und in dünne Ringe schneiden.
- Öl im Wok erhitzen, Zwiebel- und Knoblauchwürfel sowie die Curry-Paste zufügen. Unter Pfannenrühren 1/2 Minute garen. Meeresfrüchte zufügen und 5 Minuten garen.
- Fischsauce, stückige Tomaten und Gewürze zugeben und noch 1 Minute unter Pfannenrühren erhitzen, herausnehmen und warm stellen.
- Abgekühlten Reis in den Wok geben, 1 Minute unter Pfannenrühren erwärmen. Die Frühlingszwiebeln unterheben. Mit Salz und Szechuanpfeffer würzen. Meeresfrüchtemischung unterheben. Mit Koriander-Grün würzen.

Variante

Zitronengras aus dem Glas (z. B. von Bamboo Garden Thai) wird kurz vor dem Anrichten in das Gericht gegeben. Der Geschmack ist bedeutend intensiver.

Reisnudeln mit Surimi (Foto)

Für 2 Portionen

125 g Reisnudeln (z. B. Guai-Thiau von Bamboo Garden Thai)
5 junge Frühlingszwiebeln
200 g Salatgurke
1 Knoblauchzehe
1 Stück Ingwerwurzel (2 cm)
150 g Surimistangen
1 EL Maiskeimöl
5 EL Rinds-Bouillon
2 EL Reiswein
1 EL helle Sojasauce
frisch gemahlener schwarzer Pfeffer
1 TL Rote Curry-Paste
2 Stiele thailändischer Schnittlauch

- Reisnudeln mit kochendem Wasser übergießen, 3 Minuten darin ziehen lassen, abgießen, mit kaltem Wasser abschrecken und abtropfen lassen.
- Frühlingszwiebeln putzen, waschen und in Ringe schneiden. Salatgurke schälen, längs halbieren und in 1/2 cm dicke Scheiben schneiden. Knoblauchzehe pellen und zerdrücken, Ingwerwurzel schälen und fein hacken. Surimistangen trockentupfen und würfeln.
- Öl im Wok erhitzen, Knoblauch und Ingwer darin unter Pfannenrühren glasig werden lassen. Surimi, Frühlingszwiebeln und Gurkenscheiben darin 2 Minuten pfannenrühren. Rinds-Bouillon, Reiswein, Sojasauce, Pfeffer und Curry-Paste zugeben.
- Reisnudeln unterheben, noch 1 Minute pfannenrühren und eventuell nachwürzen. Schnittlauch fein schneiden und darüber streuen.

Variante

Statt Surimi können Sie 200 Gramm in dünne Streifen geschnittenes Schweine- oder Rinderfilet verwenden.

Info

Surimi wird leuchtend orangerot und als Krebsscheren, Hummerscheren oder Crabsticks geformt angeboten. Es handelt sich um ein Krebsfleischimitat. Es wird aus einer weißen, fast geschmacklosen und geruchfreien gepressten Fischmasse hergestellt, die aus zerkleinertem Fischfleisch, vor allem des Alaska-Pollaks (Kabeljau), gewonnen wurde.

Reispfanne mit Shrimps

Für 2 Portionen

1 rote und grüne Paprikaschote
100 g Staudensellerie, 1 Möhre
1 EL Sonnenblumenöl
1 EL TK-Zwiebeln, gewürfelt
1 EL TK-Knoblauch, gewürfelt
100 g Langkornreis
1/2 Würfel Klare Gemüse Brühe
(z. B. von Maggi), 100 g Shrimps

- Gemüse waschen und würfeln. Öl im Wok erhitzen, Gemüse und Zwiebel- und Knoblauchwürfel zufügen, 5 Minuten pfannenrühren, herausnehmen und warm stellen.
- Langkornreis im Wok glasig werden lassen. Mit 200 Milliliter Wasser und Gemüsebrühe zugedeckt 20 Minuten quellen lassen. 5 Minuten vor Ende der Garzeit Gemüse und Shrimps zugeben, noch 1 Minute zugedeckt garen.

Info

Mit der englischen Bezeichnung Shrimps sind Tiefseegarnelen aller Art gemeint. Es gibt etwa 2000 Garnelen-Arten, von denen nur wenige auf unseren Märkten zu bekommen sind. Hierzulande am meisten vertreten ist die Nord-Ostsee-Garnele, auch Krabbe oder Granat, genannt.

Gebratener Reis mit Garnelen

Für 2 Portionen

125 g Basmatireis
200 g Tiefseegarnelenfleisch
1 kleine Knoblauchzehe
1 EL Zitronensaft
Salz
frisch gemahlener weißer Pfeffer
1 kleine Zwiebel
1/2 Bund Frühlingszwiebeln
1 Tomate
1 EL Sonnenblumenöl (z. B. von Thomy)
6 EL Internationale Würzsauce Asia (z. B. von Maggi)

- Reis nach Packungsanweisung zubereiten und in einer Schüssel erkalten lassen.
- Tiefseegarnelenfleisch kalt abbrausen und trockentupfen.
- Knoblauchzehe pellen und durchpressen. Zitronensaft, Salz und Pfeffer verrühren. Das Garnelenfleisch darin 10 Minuten marinieren lassen.
- Zwiebel pellen, halbieren und in Streifen schneiden. Frühlingszwiebeln putzen, waschen und in dünne Ringe schneiden. Tomate waschen, vierteln, dabei den Stielansatz entfernen. Die Tomatenviertel klein schneiden.
- Öl im Wok erhitzen, das Garnelenfleisch darin unter Pfannenrühren 3 Minuten braten, herausnehmen und warm stellen.
- Gemüse in den Wok geben und weitere 3 Minuten unter Pfannenrühren braten. Würzsauce zufügen und in dem Gemüse heiß werden lassen.
- Reis, Garnelenfleisch und Gemüse mischen, noch 1 Minute erhitzen, würzen und sofort anrichten.

Variante
Statt Tiefseegarnelenfleisch können Sie auch 100 Gramm gewürfelten frischen Thunfisch verwenden.

China-Pfanne mit Seelachsfilet

Für 2 Portionen

100 g Jasminreis
250 g Seelachsfilet
1 Knoblauchzehe
Saft einer 1/2 Zitrone
1 EL Honig
4 EL Sojasauce
je 1/2 rote und gelbe Paprikaschote
125 g Sojabohnen-Keimlinge (Glas)
100 g frische Shiitake-Pilze
2 TL Maiskeimöl
4 EL süße Chilisauce
50 ml Kräuter-Bouillon (z. B. von Knorr)
Salz

- Reis nach Packungsanweisung zubereiten.
- Seelachsfilet kalt waschen, trockentupfen und in grobe Würfel schneiden.
- Knoblauch pellen und fein schneiden. Zitronensaft, Honig, Sojasauce und Knoblauch verrühren. Die Fischwürfel darin 20 Minuten zugedeckt marinieren.
- Paprikahälften putzen, waschen und klein schneiden. Sojabohnen-Keimlinge abbrausen, trockenschwenken. Shiitake-Pilze trocken abreiben und in Streifen schneiden.
- Fischwürfel gut abtropfen, die Marinade dabei auffangen. Öl im Wok erhitzen. Fischwürfel darin portionsweise unter Pfannenrühren etwa 2 Minuten braten, herausnehmen und warm stellen.
- Paprikastücke und Pilze kräftig anbraten, aufgefangene Marinade, Chilisauce und Kräuter-Bouillon zufügen. 2 Minuten kochen lassen. Sojabohnen-Keimlinge und Fischwürfel zufügen, noch einmal erhitzen. Alles mit Salz würzen und mit dem Jasminreis anrichten.

Info

Shiitake-Pilze (Tongku, Tongu), auch chinesische Champignons genannt, sind würzige Speisepilze aus Asien. Bei uns kommen sie überwiegend getrocknet in den Handel (z. B. als Shiitake-Tung-Koo von Bamboo Garden). Frische Shitake-Pilze werden nur mit einem feuchten Tuch abgerieben und am Stiel etwas gekürzt. Getrocknete Pilze etwa 15 Minuten in lauwarmem Wasser einweichen, anschließend die harten Stiele entfernen.

Cremefine-Produkte sind aus pflanzlichen Fetten und Milch hergestellt. Sie schmecken frisch, leicht und sind cremig. Ihr Fettgehalt ist deutlich niedriger ist als bei herkömmlicher Schlagsahne oder Crème fraîche. Es gibt Cremefine zum Schlagen (19 % Fett), Cremefine zum Kochen (15 % Fett), Cremefine zum Verfeinern (20 % Fett).

Asiatische Fischpfanne mit Kokosmilch

Für 2 Portionen

65 g Basmatireis
400 g Seelachsfilet
1 EL Zitronensaft
1 kleines Stück Ingwerwurzel (2 cm)
1 kleine Knoblauchzehe
1 kleine Stange Lauch (130 g)
1/2 rote Paprikaschote
1 EL Maiskeimöl
100 g Bambus-Schösslinge in Streifen (Glas)
1/2 Beutel Fix für Lachs-Sahne-Gratin (z. B. von Knorr)
70 ml Kokosmilch (Dose)
50 ml Cremefine zum Kochen
Salz
frisch gemahlener weißer Pfeffer

- Reis nach Packungsanweisung zubereiten.
- Seelachsfilet trockentupfen und in Würfel schneiden (tiefgefrorenen Fisch auftauen). Mit Zitronensaft beträufeln.
- Ingwerwurzel schälen und fein hacken. Knoblauch pellen. Lauch und Paprika putzen und waschen. Lauch in Ringe, Paprika in Streifen schneiden.
- Öl im Wok erhitzen, Lauchringe, Paprikastreifen, Ingwer und abgetropfte Bambus-Schösslinge dazugeben. Knoblauch darüber pressen. Alles 3 Minuten pfannenrühren.
- Den halben Beutelinhalt Fix für Lachs-Sahne-Gratin, Kokosmilch, Cremefine und 50 Milliliter Wasser verquirlen und zum Gemüse geben, aufkochen, mit Salz und Pfeffer würzen. Die Fischwürfel dazugeben und zugedeckt bei kleiner Hitze etwa 5 Minuten ziehen lassen. Eventuell nachwürzen.

Kleine Gerichte – pikant gemischt

Frühlingsröllchen

Für 20 Stück

20 TK-Teigstücke für Frühlingsrollen (12 x 12 cm)
30 g Glasnudeln (z. B. von Bamboo Garden Thai), Salz
2 junge Frühlingszwiebeln
1 kleine Möhre
80 g frische Spinatblätter
3 rote Chilischoten, getrocknet
1 EL TK-Knoblauch, gewürfelt
100 g Beefsteakhackfleisch
3 EL Fischsauce (z. B. von Bamboo Garden Thai)
2 EL Pflanzenöl
3 Tropfen flüssiger Süßstoff
1 Eiweiß zum Kleben
500 ml Wok-Öl zum Frittieren
10 TL (50 g) Sweet Chili-Sauce (z. B. von Bamboo Garden)

- Die Teigstücke nach Packungsanweisung auftauen.
- Glasnudeln in kaltem Wasser 10 Minuten quellen lassen, abgießen und in heißem Salzwasser 1 Minute ziehen lassen, herausnehmen, abtropfen und in 4 cm lange Stücke schneiden.
- Gemüse putzen und waschen. Frühlingszwiebeln in dünne Ringe, Möhre und Spinat in sehr feine Streifen schneiden. Chilischoten zerbröseln und mit den Knoblauchwürfeln mischen.
- Hackfleisch, Chili-Knoblauch-Mischung mit 2 Esslöffel Fischsauce verrühren.
- Öl im Wok erhitzen. Hackfleischmischung unter Pfannenrühren 2 Minuten krümelig braten, Gemüse unter Pfannenrühren zugeben und 1 Minute zugedeckt dünsten.
- Glasnudeln unterheben. Mit restlicher Fischsauce und Süßstoff würzen und gut abkühlen lassen.
- Teigblätter rundum mit Eiweiß bestreichen, mit etwas Füllung belegen, zwei Seiten einklappen und das Teigblatt aufrollen.
- Öl im Wok auf 175 °C erhitzen, die Frühlingsröllchen darin gut 3 Minuten frittieren, herausnehmen und abtropfen lassen.
- Sweet Chili-Sauce in ein Schälchen geben und mit den Frühlingsröllchen essen.

Tipp

Für 1 Portion 2 Frühlingsröllchen mit 1 Teelöffel (5 g) Sweet Chili-Sauce dippen.

Variante

Dip-Sauce oder Sweet & Sour-Sauce (z. B. von Bamboo Garden) schmeckt nicht nur gut zu den Frühlingsröllchen, sondern auch zu kleinen kurzgebratenen Fleisch- oder Fischstücken.

Frittierte Garnelenbällchen

Für 20 Stück

1 EL TK-Zwiebeln, gewürfelt
1 EL TK-Knoblauch, gewürfelt
200 g Tiefseegarnelenfleisch
1/2 TL Koriander-Grün (Glas)
1 Ei (Kl. M)
frisch gemahlener weißer Pfeffer
1 Msp. Muskatnuss
1 kräftige Prise Salz
500 ml Wok-Öl zum Frittieren
20 TL (100 g) Dip-Sauce
(z. B. von Bamboo Garden Thai)

Tipp
Für 1 Portion (200 kcal) 5 Garnelenbällchen oder 4 Garnelenbällchen mit 4 Teelöffel Dip-Sauce anrichten.

- Zwiebel- und Knoblauchwürfel noch feiner hacken. Wok erhitzen und die Zwiebel-Knoblauch-Mischung 1/2 Minute darin unter Pfannenrühren glasig werden lassen. Herausnehmen und beiseite stellen.
- Garnelenfleisch sehr fein hacken. Mit Koriander-Grün, Zwiebel- und Knoblauchwürfeln im Mixbecher mit dem Schneidstab pürieren.
- Ei und Gewürze unterrühren. Die Masse pikant würzen und daraus walnussgroße Bällchen formen.
- Wok-Öl im Wok auf 175 °C erhitzen und die Garnelenbällchen darin portionsweise goldgelb frittieren. Herausheben und auf Küchenpapier entfetten.
- Dip-Sauce in ein Schälchen geben und mit den Garnelenbällchen servieren.

Fischplätzchen mit Lachs

Für 12 Stück

250 g Lachsfilet
frisch gemahlener weißer Pfeffer
1 Stück Ingwerwurzel (2 cm)
1/2 TL Zitronengras (Glas)
1/2 TL Koriander-Grün (Glas)
1 EL TK-Knoblauch, gewürfelt
1 EL TK-Zwiebeln, gewürfelt
1 Eigelb (Kl. M)
Salz
3 Tropfen flüssiger Süßstoff
1 TL Fischsauce
2 kleine Kaffir-Limettenblätter
2 Schlangenbohnen (50 g)
3 EL Pflanzenöl zum Braten
12 TL (60 g) Asia Dip süß-scharf
(z. B. von Maggi)

- Lachsfilet trockentupfen, grob würfeln und mit Pfeffer bestreuen.
- Ingwerwurzel schälen und fein hacken. Mit Zitronengras, Koriander und den Knoblauch- und Zwiebelwürfeln in einem Mixbecher mit dem Schneidstab pürieren und mit dem Eigelb, Salz, Pfeffer, Süßstoff und Fischsauce zu einem Teig verarbeiten.
- Limettenblätter waschen, Rippen entfernen und die Blätter sehr fein schneiden. Bohnen putzen, waschen, trockentupfen, fein würfeln und mit den Limettenblättern unter die Fischmasse kneten. Den Teig pikant abschmecken und daraus 12 kleine Bällchen formen und flach drücken.
- Pflanzenfett im Wok auf 175 °C erhitzen. Portionsweise darin die Fischplätzchen von jeder Seite 2 Minuten goldgelb braten.
- Asia-Dip in ein Schälchen geben und zu den Fischplätzchen zum Eintunken verwenden.

Variante

Statt Schlangenbohnen können Sie auch grüne Bohnen verwenden oder ganz anders: grünen Spargel.

Info

Schlangenbohnen können bis zu 50 cm lang werden und schmecken wie grüne Bohnen. In gut sortierten Gemüseladen oder in Asien-Shops erhältlich.

Variante
Statt Reisnudeln können auch Glasnudeln verwendet werden.

Reisnudelsalat (Foto)

Für 2 Portionen

60 g Reisnudeln (z. B. von Bamboo Garden)
75 g Tiefseegarnelenfleisch
2 kleine Frühlingszwiebeln
6 Kirschtomaten
4 EL helle Sojasauce
2 EL Fischsauce (z. B. von Bamboo Garden Thai)
1 TL Zitronengras (Glas)
1/4 TL Sambal Oelek
1/2 TL Koriander-Grün (Glas)
3–4 Korianderblätter

- Reisnudeln mit kochendem Wasser überbrühen, 3 bis 4 Minuten quellen lassen, danach kalt abbrausen, gut abtropfen lassen und mit der Küchenschere in 2 cm lange Stücke schneiden.
- Garnelenfleisch trockentupfen, eventuell halbieren.
- Frühlingszwiebeln waschen, trockenschwenken. Den weißen Teil klein würfeln, den grünen Teil in feine Ringe schneiden. Kirschtomaten waschen, trockentupfen und halbieren oder vierteln.
- Eine Marinade aus Sojasauce, Fischsauce, Zitronengras, Sambal Oelek und Koriander-Grün verrühren und die Salatzutaten damit vorsichtig mischen. Zugedeckt 5 Minuten durchziehen lassen.
- Zum Anrichten mit Korianderblättchen garnieren.

Couscous-Salat Asia

Für 2 Portionen

80 g Instant-Couscous
Salz
80 ml kochendes Wasser
300 g Tomaten
1 kleine Salatgurke (250 g)
frisch gemahlener weißer Pfeffer
1 Stück Apfel (40 g)
4 EL Internationale Würzsauce Asia (z. B. von Maggi)
4–5 frische Minzblätter

- Instant-Couscous mit kochendem Salzwasser übergießen und 7 Minuten ziehen lassen. Umrühren und abkühlen lassen.
- Tomaten und Salatgurke waschen. Tomaten vierteln und würfeln. Gurke längs halbieren, entkernen und klein schneiden. Tomaten- und Gurkenstücke mit Salz und Pfeffer kräftig würzen.
- Apfelstück schälen und würfeln. Mit den Tomaten- und Gurkenstücken und dem Couscous mischen. Würzsauce Asia zugeben, mit den Zutaten gut durchmischen und 30 Minuten zugedeckt ziehen lassen.
- Minzblätter grob schneiden und auf den Salat streuen.

Info

Couscous ist meist grob gemahlener Weizengrieß; in Nordafrika versteht man darunter jedoch Hirse. Instant-Couscous bekommt man heute in fast jedem Supermarkt.

Kichererbsensalat mit Sesam-Chili-Dressing

Für 2 Portionen

1/2 Dose Kichererbsen (120 g)
50 g Zuckerschoten
Salz
20 g Brunnenkresse
1 EL Sesamsamen
1 kleine rote Chilischote
1 Beutel Salatkrönung »Tomate-Kräuter« (z. B. von Knorr)
3 EL Maiskeimöl
1 EL helle Sojasauce

- Kichererbsen auf einem Sieb unter kaltem Wasser abtropfen lassen. Zuckerschoten putzen und waschen. Für 1 Minute in kochendes Salzwasser geben, dann abgießen, in eiskaltes Wasser geben und auf einem Sieb abtropfen lassen.
- Kresse abbrausen, die Blätter abzupfen. Kichererbsen, Zuckerschoten und Kresseblätter mischen.
- Sesamsamen in einer Pfanne oder im mäßig heißen Wok ohne Fettzugabe hellgelb rösten, herausnehmen und beiseite stellen.
- Chilischote waschen, längs aufschlitzen, die Kerne entfernen und die Hälften fein hacken.
- Beutelinhalt der Salatkrönung mit 3 Esslöffel Wasser, Öl und Sojasauce verrühren. Eine Hälfte der Sauce mit Sesamsaat und Chilischote verrühren und mit den Salatzutaten mischen. Die andere Hälfte der Salatsauce in ein Schraubglas füllen und im Kühlschrank aufbewahren.

Tipp

Die Hälfte der Salatsauce können Sie am nächsten Tag mit einer in Scheiben geschnittenen Tomate als Tomatensalat (100-Kalorien-Mahlzeit) essen.

Info

Sesamsamen sind reich an Fett und essentieller Linolsäure. Sie werden geschält und ungeschält in Reformhäusern und Naturkostläden angeboten. Sie verleihen Gerichten einen besonders nussigen Geschmack.

Glasnudelsalat mit Lachs

Für 2 Portionen

50 g Glasnudeln
150 g Lachsfilet
4 junge Frühlingszwiebeln
1/2 kleiner Kopfsalat
2 grüne Chilischoten
2 TL Pflanzenöl
Salz
frisch gemahlener weißer Pfeffer

3 EL TK-Zwiebeln, gewürfelt
3 EL Wasser
Saft von 3 Zitronen
3 EL Fischsauce
1 Msp. Ingwerpulver
2 Tropfen flüssiger Süßstoff
8 Stiele thailändischer Koriander

- Glasnudeln in kaltem Wasser 10 Minuten quellen lassen, abgießen, abtropfen lassen und in 4 cm lange Stücke schneiden. Lachsfilet in 1 cm breite Scheiben schneiden, diese längs halbieren.
- Frühlingszwiebeln putzen, waschen und in dünne Ringe schneiden. Kopfsalatblätter abbrausen, trockenschwenken, die Blätter halbieren und schalenartig ineinander setzen. Chilischoten waschen, längs aufschlitzen, entkernen und die Hälften fein hacken.
- Öl im Wok erhitzen, Fischstreifen darin 1 Minute unter Pfannenrühren garen, salzen, pfeffern, herausnehmen und warm stellen.
- Zwiebeln, Chilischoten und Glasnudeln in den Wok geben, unter Pfannenrühren 1/2 Minute garen und unter die Fischmischung heben. Alle Saucenzutaten verrühren und über die Fisch-Nudel-Mischung geben.
- Gehackte Korianderblätter und Frühlingszwiebeln unterheben. Den lauwarmen Salat in den Salatblättern anrichten.

Tipp

Die Salatblätter sind nicht nur Dekoration, sie sollen mitgegessen werden. Es dürfen auch unterschiedliche Salatblätter und Kräuter sein.

Variante

Zusätzlich 1 kleine Selleriestange putzen, waschen, längs halbieren, in dünne Streifen schneiden und mit der TK-Zwiebel- oder Knoblauchmischung im Wok dünsten. Statt Koriander passt auch Basilikum sehr gut.

Info
Gelbe Kiwifrüchte (z. B. Zespri Gold) gibt es hauptsächlich aus Neuseeland in den Monaten Juni bis Oktober. Das kann sich bald ändern, denn es gibt bereits Testanbaugebiete in Italien. Die gelben Kiwifrüchte können, im Gegensatz zur rauschaligen grünen Kiwi, auch mit Schale verzehrt werden.

Thai-Salat mit Garnelen und Kiwi

Für 2 Portionen

125 g zarte Spinatblätter
1 gelbe Kiwifrucht (Zespri Gold)
1 kleine reife Papaya
1 Scheibe Ingwer, eingelegt (Glas)
2 EL Limettensaft
1 EL Fischsauce
1/2 TL brauner Zucker
100 g Tiefseegarnelenfleisch
15 g Pinienkerne
1/2 rote Paprikaschote

- Spinatblätter putzen, abbrausen, grobe Stiele entfernen, die Blätter grob schneiden. Kiwifrucht schälen, einmal halbieren und in Scheiben schneiden. Die Papaya längs halbieren, entkernen, das Fruchtfleisch auslösen und würfeln.
- Ingwer abtropfen lassen und sehr fein schneiden. Mit Limettensaft, Fischsauce und Zucker gründlich verrühren, bis der Zucker gelöst ist. Das Garnelenfleisch abbrausen, gut trockentupfen, in die Salatsauce geben und darin durchziehen lassen.
- Pinienkerne in einer beschichteten Pfanne ohne Fett unter Wenden goldgelb rösten, herausnehmen und beiseite stellen.
- Paprikaschote waschen und in Streifen schneiden. Mit den Kiwi und Papaya mischen. Garnelenfleisch mit der Salatsauce unterheben. Den Salat mit Pinienkernen bestreut anrichten.

Tom Kha-Suppe (Foto)

Für 2 Portionen

6 g Shiitake-Pilze, getrocknet
300 ml Gemüse-Kraftbouillon
200 ml Kokosmilch
3–4 TL Tom Kha-Suppen-Paste (z. B. Bamboo Garden Thai)
80 g Hähnchenbrustfilet
100 g Stangensellerie
100 g Kirschtomaten
1/2 Glas Bambus-Schösslinge, in Streifen (90 g), 1 TL Wok-Öl
1/2 TL Zitronengras (Glas)
1/4 TL Koriander-Grün (Glas)

- Pilze waschen und in Wasser 15 Minuten quellen lassen.
- Bouillon und Kokosmilch erhitzen, Tom Kha-Paste darin auflösen.
- Hähnchenfilet waschen, trockentupfen und in Streifen schneiden. Gemüse putzen und waschen. Sellerie in dünne Scheiben schneiden. Kirschtomaten halbieren. Von den Pilzen die Stiele entfernen, die Köpfe hacken. Bambus abtropfen lassen.
- Wok-Öl im Wok erhitzen, Hähnchenstreifen darin unter Pfannenrühren 2 Minuten braten, herausnehmen und warm stellen.
- Sellerie, Pilze und Bambus dazugeben und 2 Minuten braten. Hähnchen und Tomaten zugeben, alles wenden, die Bouillon-Kokosmilch-Mischung zugießen. Mit Zitronengras und Koriander abschmecken und anrichten.

Info
Frische Shiitake-Pilze vor der Zubereitung nur mit einem feuchten Tuch abreiben und am Stiel ein Stück kürzen. Bei getrockneten Shiitake-Pilzen stets die Packungsaufschrift beachten.

Scharf-saure Garnelensuppe

Für 2 Portionen

4 Garnelen mit Schale, ohne Kopf
1 Stück Galgantwurzel (3 cm)
1 Stück Ingwerwurzel (2 cm)
4 rote Chilischoten, getrocknet
1 Stängel Zitronengras
3 Kaffir-Limettenblätter
1 EL Pflanzenöl, 3 EL Fischsauce
Saft von 1/2 Kaffir-Limette oder Zitrone, 4 Stiele Koriander
5 Stiele Basilikum

Tipp

Die Kaffir-Limettenblätter halbieren, die dicken Blattadern mit einem scharfen Messer entfernen, die Blätter zusammenrollen und in dünne Streifen schneiden oder im Ganzen (wie Lorbeerblätter) mitgaren und vor dem Essen entfernen.

- Garnelen waschen und putzen. Galgant- und Ingwerwurzel schälen, Schalen beiseite legen, Fruchtfleisch fein hacken. Chilischoten zerkrümeln. Zitronengras und Limettenblätter vierteln.
- Öl im Wok erhitzen, Garnelenschalen kräftig anbraten, Galgant- und Ingwerwurzelschalen, Zitronengras, 750 Milliliter Wasser, Fischsauce und die Chilischoten zufügen. Zugedeckt 15 Minuten schmoren lassen. Alles durch ein Sieb geben und mit 100 Milliliter Wasser aufgießen.
- Garnelen, Galgant- und Ingwerwurzelstücke, Limettenblätter und Limetten- oder Zitronensaft in die Flüssigkeit geben. Bei schwacher Hitze 3 Minuten zugedeckt ziehen lassen.
- Zum Servieren grob geschnittene Koriander- und Basilikumblätter darüber streuen.

Rindfleischsuppe mit Schnittlauch

Für 2 Portionen

1 Stängel Zitronengras
250 g Rindfleisch (Filet oder Keule), 1 EL Pflanzenöl
1/2 TL Szechuanpfeffer, 1 Prise Salz
1 EL TK-Zwiebeln, gewürfelt
1 EL TK-Knoblauch, gewürfelt
750 ml Klare Delikatessbrühe
1 TL Fischsauce, 1 EL Limettensaft
frisch gemahlener weißer Pfeffer
1 Prise Ingwerpulver, 1 Prise Zimt
2–3 Stiele thailändischer Schnittlauch

- Das Weiße des Zitronengrases fein hacken.
- Fleisch trockentupfen und in sehr feine Streifen schneiden.
- Öl im Wok erhitzen, Szechuanpfeffer unter Rühren anbraten, bis es würzig duftet. Fleisch zufügen und unter Pfannenrühren 1 Minute garen, dann salzen.
- Zwiebel- und Knoblauchwürfel und Zitronengras zugeben. Mit Delikatessbrühe und Fischsauce auffüllen. Zugedeckt einmal aufkochen. Die Brühe mit Limettensaft, Pfeffer, Ingwerpulver und Zimt würzen. Zum Servieren mit Schnittlauchröllchen bestreuen.

Info

Thailändischer Schnittlauch ist länger und hat etwas breitere Blätter als herkömmlicher. Sie können auch 1 bis 2 Esslöffel TK-Schnittlauch verwenden.

Tipp

Rindfleisch sollte stets gut abgehangen sein; dann gibt es kaum Gewichtsverlust.

Garnelensuppe mit Mais

Für 2 Portionen

1 EL TK-Zwiebeln, gewürfelt
1 EL TK-Knoblauch, gewürfelt
5 Stiele thailändischer Koriander mit Wurzel
1 Dose Maiskörner (Abtropfgewicht 140 g)
2 TL Pflanzenöl
500 ml Geflügel-Fond (Glas)
fein gestoßener Szechuanpfeffer
100 g Eismeergarnelen
2 EL Fischsauce, Salz
1 Ei (Kl. M)

- Zwiebel- und Knoblauchwürfel noch feiner hacken.
- Koriander abbrausen, trockenschwenken, die Blätter abzupfen und grob, die Wurzel fein schneiden. Die Maiskörner gut abtropfen lassen.
- Öl in einem Wok erhitzen, Zwiebel- und Knoblauchwürfel und Korianderwurzel zugeben und unter Pfannenrühren 1 Minute anbraten. Mit Geflügel-Fond aufgießen, pfeffern und einmal aufkochen.
- Maiskörner und Garnelen zufügen und einmal aufkochen. Mit Fischsauce und Salz würzen.
- Ei gut verquirlen und über eine hochkant gehaltene Gabel in die Suppe laufen lassen. Die Suppe mit Korianderblättern bestreut anrichten.

Tipp

Garnelen können Sie ersetzen durch Krebsfleisch, frisch oder aus der Dose, oder auch durch Surimi (Fisch-Crabmeat).

Info

Szechuanpfeffer, auch Anispfeffer genannt, ist ein chinesischer Pfeffer und hat einen intensiven Geschmack von Zitrone. Seine Schärfe kommt besonders zum Vorschein, wenn er kurz geröstet und im Mörser zerstoßen wird.

Suppe mit Pak Soi und Fisch

Für 2 Portionen

400 g Pak Soi
1 EL TK-Zwiebeln, gewürfelt
1 EL TK-Knoblauch, gewürfelt
3 frische rote Chilischoten
2 kleine Kaffir-Limettenblätter
250 g Fischfilet (z. B. Seelachs, Rotbarsch, Kabeljau oder Lachs)
2 TL Wok-Öl
frisch gemahlener weißer Pfeffer
500 ml Fisch-Fond (Glas)
1/2 TL Garnelenpaste
2–3 EL stückige Tomaten (z. B. Tomato al gusto von Knorr)
1 Spritzer Kaffir-Limetten- oder Zitronensaft
2–3 EL Fischsauce

- Pak Soi putzen und waschen. Die Blätter in 2 cm große Stücke schneiden.
- Zwiebel- und Knoblauchwürfel noch feiner hacken. Chilischoten waschen, längs aufschlitzen, entkernen und die Hälften fein hacken. Limettenblätter in feine Streifen schneiden.
- Fischfilet trockentupfen, in 1 cm breite und 4 cm lange Streifen schneiden.
- Öl im Wok erhitzen, Zwiebel- und Knoblauchwürfel darin unter Pfannenrühren 1/2 Minute glasig braten. Hälfte der Chilischoten und Pak Soi zufügen und pfeffern. 1 Minute unter Pfannenrühren garen. Fisch-Fond, Limettenblätter und Garnelenpaste zugeben.
- Fischstreifen und Tomatenstücke unterheben. Zugedeckt 8 Minuten schmoren lassen.
- Suppe mit Limetten- oder Zitronensaft und Fischsauce würzen und mit den restlichen gehackten Chilischoten bestreuen.

Info

Pak Soi schmeckt ähnlich wie Chinakohl und kann wie dieser roh als Salat oder gegart als Gemüsebeilage zubereitet werden. Die dicken Blattrippen dieses ursprünglich aus dem Fernen Osten stammenden Gemüses lassen sich außerdem wie Spargel servieren. Pak Soi enthält viel Vitamin A, B und C sowie Mineralstoffe.

China-Suppe

Für 2 Portionen

1/2 Bund Suppengrün
200 g Hähnchenbrustfilet
25 g Glasnudeln
Salz
2 TL Maiskeimöl
1–2 EL Sojasauce
2–3 EL Gemüse-Kraftbouillon
(z. B. von Knorr)

- Suppengrün putzen, waschen und in dünne Streifen schneiden. Vom Lauch nur den weißen Teil verwenden. Hähnchenbrustfilet waschen, trockentupfen und ebenfalls in Streifen schneiden.
- Glasnudeln in kaltem Wasser 10 Minuten quellen lassen, abgießen und in heißem Salzwasser 1 Minute ziehen lassen, herausnehmen, abtropfen lassen und in 4 cm lange Stücke schneiden.
- Öl im Wok erhitzen. Die Suppengrünstreifen zugeben, Sojasauce zufügen und alles unter Pfannenrühren 1 Minute anbraten. Herausnehmen und warm stellen.
- Hähnchenstreifen in das Bratfett geben und ebenfalls unter Pfannenrühren 2 Minuten braten. 500 Milliliter Wasser zugießen, die Gemüse-Kraftbouillon darin auflösen, alles erhitzen, 2 Minuten zugedeckt schmoren.
- Gemüse zufügen, noch 1 Minute kochen lassen, die abgetropften Glasnudeln zugeben. Die Suppe mit Sojasauce würzen und sofort servieren.

Variante

Wenn es schnell gehen soll: Wasser und Gemüse-Kraftbouillon im Wok aufkochen. 1 Päckchen TK- Suppengrün und Hähnchenbruststreifen zugeben und 5 Minuten garen. 1/2 Minute vor Ende der Kochzeit die gegarten, abgetropften Glasnudeln zufügen. Alles mit Sojasauce würzen.

Hühnertopf süßsauer

Für 2 Portionen

150 g Hähnchenbrustfilet
1 kleine rote Chilischote, getrocknet
125 g Gemüse (z. B. Möhren, Sellerie, Lauch)
50 g frische Shiitake-Pilze
1/2 TL Maiskeimöl
1–2 EL Sojasauce
1/2 Beutel Hühner-Suppe (z. B. Suppenliebe von Knorr)
1 EL Reisessig
1 Msp. Koriander-Grün (z. B. von Bamboo Garden Thai)
Salz
frisch gemahlener weißer Pfeffer
1 Prise Zucker

- Hähnchenbrustfilet waschen, trockentupfen und in Streifen schneiden. Chilischote zerbröseln.
- Gemüse putzen, waschen und in dünne Streifen schneiden. Shiitake-Pilze trocken abreiben und in Streifen schneiden.
- Maiskeimöl im Wok erhitzen. Fleischstreifen und Chilischote unter Pfannenrühren 3 Minuten braten, herausnehmen und warm stellen.
- Gemüsestreifen in den Wok geben und unter Pfannenrühren 2 Minuten braten, die Shiitakestreifen zugeben, noch 1 Minute braten. Mit 500 Milliliter Wasser aufgießen und zugedeckt 8 Minuten leicht kochen lassen.
- Hähnchenfleisch und Sojasauce zugeben. Hühner-Suppe einrühren, aufkochen und alles noch 4 Minuten zugedeckt bei kleiner Hitze ziehen lassen.
- Reisessig und Koriander-Grün einrühren. Mit Salz, Pfeffer und Zucker würzen.

Variante

Statt Hähnchenbrustfilet 100 g Fleischbrät aus einer frischen Kalbsbratwurst zu kleinen Klößchen formen, in heißem Wasser separat garziehen lassen und zum Schluss mit der Sojasauce in den Wok geben. Alternative: 100 g kleine TK-Fleischklößchen.

Tempura

Für 8 Portionen

Für den Teig:
2 Eier (Kl. M)
1 EL Sojasauce
7 EL Kartoffel- oder Reismehl

Für die Füllung:
8 rohe Hummerkrabbenschwänze in Schale, ohne Kopf
200 g Lengfischfilet, küchenfertig
1 kleine Aubergine
1 kleine Zucchini
1 kleine Möhre
50 g frische Shiitake-Pilze
Kokosfett zum Frittieren

Tipp

Als Beilage eine Sauce aus 3 Esslöffel Soja-Sauce, 1 Spritzer Sesamöl, 2 TL Reiswein, einigen Tropfen flüssigem Süßstoff und 1 Messerspitze geriebenem Meerrettich.

- Eier trennen, 50 Milliliter Wasser, Sojasauce, Eigelb und Kartoffel- oder Reismehl in einem Gefäß gut verrühren. Das Eiweiß steif schlagen und unterheben.
- Hummerkrabbenschwänze waschen und trockentupfen, am Rücken entlang aufschneiden, die Schwanzenden daran lassen, den schwarzen Darm entfernen.
- Fischfilet in etwa 4 cm große Würfel schneiden.
- Gemüse putzen und waschen. Von Aubergine und Zucchini die Enden entfernen, die Gemüsestücke längs vierteln oder halbieren. Die Möhre schälen und alles in dünne Scheiben schneiden. Die Shiitake-Pilze trocken abreiben und in Streifen schneiden.
- Fett auf 175 °C erhitzen. Gemüsescheiben, Pilzstreifen, Fischwürfel und die Hummerkrabbenschwänze durch den Ausbackteig ziehen und portionsweise im heißen Fett goldgelb ausbacken. Auf Küchenpapier legen und gründlich abtropfen lassen.

Balinesischer Fisch

Für 2 Portionen

2 Schalotten
1 Stängel Zitronengras
1 kleine rote Chilischote
1 Stück Ingwerwurzel (2 cm)
20 g Halbfettbutter (z. B. von Du darfst)
1 TL Garnelenpaste
75 ml heißes Wasser
1 EL Sojasauce
3–4 Tropfen flüssiger Süßstoff
1 TL Limettensaft
2 kleine Frühlingszwiebeln
300 g Fischfilet (z. B. Zackenbarsch oder Seeteufel)
Salz
frisch gemahlener weißer Pfeffer

- Schalotten pellen und in feine Scheiben schneiden. Das Zitronengras abziehen und 2 cm vom weißen Teil fein schneiden. Chilischote längs aufschlitzen, weiße Kerne entfernen, die Hälften fein schneiden. Ingwer schälen und hacken.
- 10 Gramm Halbfettbutter im Wok leicht erhitzen. Schalotten, Zitronengras, Chilischote und Ingwer zugeben und 3 Minuten unter Pfannenrühren braten. Garnelenpaste, Wasser, Sojasauce und Süßstoff dazugeben und etwas einkochen lassen. Limettensaft einrühren. Die Sauce herausnehmen und warm stellen.
- Frühlingszwiebeln putzen, waschen und in Ringe schneiden. Fischfilet trockentupfen und in 2 bis 3 Teile schneiden.
- Restliche Halbfettbutter im Wok erhitzen, das Fischfilet darin unter Pfannenrühren rundherum anbraten, salzen, Sauce zufügen und zugedeckt im Wok gar dämpfen.
- Fisch anrichten und mit den Frühlingszwiebeln bestreuen.

Tipp

Wenn die Ingwerwurzel sehr frisch ist, können Sie diese nach dem Schälen durch die Knoblauchpresse geben.

Gemüsepfanne Asia

Für 2 Portionen

50 g Jasminreis
150 g Bambus-Schösslinge, in Streifen
150 g Champignons
200 g gemischtes Gemüse (z. B. Brokkoli-, Romanesco-, Blumenkohlröschen)
1 Stück Ingwerwurzel (2 cm)
1 EL Maiskeimöl
1 EL TK-Zwiebeln, gewürfelt
1 TL TK-Knoblauch, gewürfelt
150 ml Gemüse-Fond
2 EL helle Sojasauce
Salz
frisch gemahlener schwarzer Pfeffer

- Reis nach Packungsanweisung zubereiten.
- Bambus-Schösslinge abtropfen lassen. Die Champignons trocken abreiben und in Scheiben schneiden. Gemüse putzen, waschen; Brokkoli-, Romanesco- und Blumenkohlröschen zerteilen. Ingwer schälen und sehr fein schneiden.
- Öl im Wok erhitzen, Zwiebel- und Knoblauchwürfel und den Ingwer zugeben und unter Pfannenrühren 1 Minute braten. Nacheinander Brokkoli-, Romanesco- und Blumenkohlröschen, Champignons und Bambus-Schösslinge zugeben. Mit Gemüse-Fond und Sojasauce aufgießen und alles zugedeckt 4 Minuten schmoren lassen.
- Gemüse mit Salz und Pfeffer würzen und mit dem Jasminreis anrichten.

Tipp

Die Gemüse können je nach Jahreszeit variieren; selbstverständlich können Sie auch TK-Gemüse verwenden.

Imbisse – asiatisch, frisch und schnell

Chinakohlsalat mit Soja-Dressing

Für 1 Portion

250 g Chinakohl, 1 TL Salz
1/2 Knoblauchzehe
1 Frühlingszwiebel
1 Stück Ingwerwurzel (1 cm)
50 ml Sojasauce
30 ml Weißweinessig
3 Tropfen flüssiger Süßstoff
1/2 TL scharfe Chilipaste

- Chinakohlblätter abbrausen, die Rippen entfernen, die Blätter in feine Streifen schneiden und mit Salz gut vermischen. 2 bis 3 Stunden zugedeckt durchziehen lassen.
- Knoblauch pellen und zerdrücken. Frühlingszwiebel waschen und in feine Ringe schneiden. Ingwer schälen und fein hacken.
- Kohl gut ausdrücken, mit Knoblauch und Frühlingszwiebelringen und den restlichen Zutaten mischen. 24 Stunden zugedeckt durchziehen lassen.

Rettich-Apfel-Salat

Für 1 Portion

100 g weißer Rettich
1 kleiner säuerlicher Apfel
1 EL Zitronen- oder Limettensaft
1 kleine Frühlingszwiebel
1/2 rote Chilischote
2 EL Sojasauce
1 TL Sesamöl
2 EL Reisessig oder Weißweinessig
2 Tropfen flüssiger Süßstoff

- Rettich schälen. Apfel waschen, entkernen. Beides in dünne Stifte schneiden und mit Zitronensaft beträufelt mischen. Frühlingszwiebel waschen und in dünne Ringe schneiden. Chili waschen, weiße Kerne entfernen und in dünne Ringe schneiden.
- Sojasauce, Sesamöl, Essig und Süßstoff verrühren.
- Salat mit dem Dressing vermischen und mit Chili bestreuen.

Tipp
Der Salat eignet sich zum Mitnehmen an den Arbeitsplatz. Dafür Salatzutaten und Salatsauce separat verpacken und erst zum Essen mischen.

Marinierte Gemüsestreifen

Für 1 Portion

250 g weißer Rettich
1 mittelgroßer Kohlrabi
1 mittelgroße Möhre
1 1/2 EL Salz
1 Stück Ingwerwurzel (2 cm)
1 Stück unbehandelte Zitronenschale
3 EL Reis- oder Apfelessig
3 Tropfen flüssiger Süßstoff

Tipp
Dieses Gemüse können Sie als Salat essen oder auch mal zu einem Glas Reiswein (Sake) genießen.

- Rettich, Kohlrabi und Möhre schälen und in streichholzdünne Stifte schneiden. Salz mit dem Gemüse gründlich vermischen. Zugedeckt 1 Stunde ziehen lassen.
- Gemüse auf einem Sieb mit kaltem Wasser kurz abbrausen und ausdrücken.
- Ingwer schälen und sehr fein hacken, Zitronenschale in dünne Streifchen schneiden. Essig aufkochen, vom Herd nehmen. Gemüsestreifen, Zitronenschale, Ingwer und Süßstoff zugeben. Alles mischen und 2 Stunden zugedeckt durchziehen lassen.

Zucchini süßsauer

Für 1 Portion

250 g Zucchini
1 TL Salz
1/2 TL TK-Knoblauch, gewürfelt
1 Stück Ingwerwurzel (2 cm)
2 EL Reis- oder Apfelessig
3–4 Tropfen flüssiger Süßstoff
1/4 TL Sambal Oelek
1/2 TL Sesamöl
1 EL Sojasauce

Info
Sambal ist eine küchenfertige Würzpaste, die asiatischen Gerichten eine pikante Note verleiht. Es gibt Sambal Oelek (scharf) und Sambal Manis (süßlich).

- Zucchini putzen, waschen, die Enden abschneiden. Die Zucchini längs halbieren, dann quer in 2 cm dicke Stücke schneiden. Gut mit Salz vermischen und zugedeckt 1 Stunde ziehen lassen.

- Knoblauchwürfel noch feiner hacken. Ingwerwurzel schälen und sehr fein schneiden. Alles mit Essig, Süßstoff, Sambal Oelek, Sesamöl und Sojasauce in einem kleinen Topf verrühren, aufkochen und abkühlen lassen.
- Gesalzene Zucchini abspülen, trockentupfen und mit der Sauce mischen. Zugedeckt 2 Stunden durchziehen lassen.

Gurkensalat

Für 1 Portion

200 g Salatgurke
1 rote Chilischote
1 EL TK-Zwiebeln, gewürfelt
2 EL Fischsauce
2 EL Limetten- oder Zitronensaft
2–3 Tropfen flüssiger Süßstoff
1 Scheibe Crisp-Knäckebrot

- Salatgurke schälen und in dünne Scheiben schneiden. Chilischote längs halbieren, Kerne entfernen, die Hälften fein hacken.
- Salatgurkenscheiben, Zwiebelwürfel und Chilischotenstücke mit Fischsauce, Limetten- oder Zitronensaft und Süßstoff vermischen.
- Dazu die Crisp-Knäckebrotscheibe essen.

Tipp

Crisp-Knäckebrot (z. B. Original von Wasa) ist besonders dünn und knusprig, mit dem vollen Geschmack des Roggenvollkorns. Ein schonendes Verfahren und Natur-Sauerteig verleihen diesem Knäckebrot seinen leckeren und vollen Geschmack.

Sojasprossen-Salat

Für 1 Portion

100 g frische Sojasprossen
1 kleine Möhre (50 g)
1/2 kleine Paprikaschote
1/4 TL Salz
1/2 TL Pflanzenöl
2 Tropfen Sesamöl
2 EL Sojasauce
1 EL Reisessig
2 Tropfen flüssiger Süßstoff

- Sojasprossen unter kaltem Wasser abbrausen und abtropfen lassen.
- Möhre und Paprikaschote waschen. Möhre schälen und in streichholzdünne Streifen schneiden. Paprikaschote vierteln und ebenfalls in sehr dünne Streifen schneiden.
- 250 Milliliter Wasser und Salz aufkochen, die Möhrenstreifen zugeben, knapp 1 Minute kochen lassen, Paprikaschotenstreifen und Sojabohnensprossen zufügen. Den Topf sofort von der Kochstelle nehmen.
- Das Gemüse auf einem Sieb abgießen, gut abtropfen und abkühlen lassen.
- Für die Salatsauce alle Zutaten verrühren und mit dem Gemüse mischen.

Tipp

Wer mag, kann das Gemüse auch roh zubereiten.

Variante

Statt der Möhre 80 Gramm Salatgurkenscheiben und statt Paprikaschote 50 Gramm gekochten Schinken, alles in Streifen geschnitten. Außerdem: mit etwas frisch geriebenem Ingwer würzen.

Spinatsalat mit Sesamsauce

Für 1 Portion

200 g Blattspinat (frisch oder TK)
1 kräftige Prise Salz
1/2 TL Sesamsamen (3 g)
1 EL Sojasauce
2 EL Fischsauce oder Fisch-Fond (Glas)
2–3 Tropfen flüssiger Süßstoff
1 Scheibe Crisp-Knäckebrot

- Spinat abbrausen, TK-Spinat nach Packungsanweisung zubereiten. Vom frischen Spinat die Rippen und Stiele eventuell entfernen. Frischen Spinat tropfnass in 250 Milliliter Salzwasser kurz aufkochen, herausnehmen, in eiskaltem Wasser abschrecken und auf einem Sieb abtropfen lassen.
- In der Pfanne oder im Wok die Sesamsamen ohne Fettzugabe unter Rühren goldgelb werden lassen. Herausnehmen und noch heiß in einem Mörser zermahlen. Mit Sojasauce, Fischsauce oder Fisch-Fond und Süßstoff verrühren.
- Zum Anrichten die Spinatblätter in der Sesammischung wenden. Die Scheibe Crisp-Knäckebrot dazu essen.

Tintenfisch-Salat mit Koriander

Für 1 Portion

1 EL TK-Zwiebeln, gewürfelt
1 TL TK-Knoblauch, gewürfelt
1 kleine Chilischote, getrocknet
3 Stiele frischer Koriander
2 EL Fisch-Fond (Glas)
2 EL Fischsauce (z. B. von Bamboo Garden Thai)
1 EL Zitronensaft
3–4 Tropfen flüssiger Süßstoff
100 g Tintenfisch, küchenfertig

- Zwiebel- und Knoblauchwürfel noch feiner hacken. Chilischote zerbröseln. Koriander abbrausen, Blätter von den Stielen zupfen, fein schneiden und miteinander vermischen.
- Zwiebel-Knoblauch-Chilimischung mit Fisch-Fond, Fischsauce, Zitronensaft und Süßstoff verrühren.
- Tintenfisch unter fließendem Wasser säubern, längs vierteln und klein schneiden. In kochendes Wasser geben und darin 1 Minute ziehen lassen. Herausnehmen und trockentupfen.
- Die noch warmen Tintenfischstücke mit der Salatsauce mischen. Koriander unterheben.

Variante

Statt Tintenfisch ausgelöste Miesmuscheln, frisch oder aus der Dose (naturell) verwenden.

Tipp

Wenn Fisch-Fond (z. B. von Lacroix) verwendet wird, sollte mit etwas Streuwürze oder Salz gewürzt werden.

Scharfe Gurkensuppe (Foto)

Für 1 Portion

1 kleine Salatgurke (50 g)
1/2 gelbe Paprikaschote
250 ml Gemüse-Kraftbouillon
1 EL Sojasauce
1 TL Zitronen- oder Limettensaft
1 TL Sesamöl
1 Msp. Paprika rosenscharf
Salz
frisch gemahlener weißer Pfeffer
1–2 Spritzer Chili- oder Tabascosauce
1/2 TL TK-Schnittlauch

- Gurke waschen, eventuell schälen und in sehr feine Streifen schneiden. Paprikaschote putzen und ebenfalls in dünne Streifen schneiden.
- Gemüse-Kraftbouillon, Sojasauce, Zitronen- oder Limettensaft, Sesamöl und Paprikapulver in einem Topf verrühren und aufkochen. Gurken- und Paprikaschotenstreifen zufügen und darin 1 – 2 Minuten ziehen lassen. Sofort von der Kochstelle nehmen. Mit Chili- oder Tabascosauce würzen. Mit Schnittlauch bestreut anrichten.

Tipp
Diese Suppe können Sie sowohl warm als auch kalt verzehren.

Info
Chilisauce ist ein Fertigprodukt und wird aus Chilischoten, Zucker und Essig hergestellt. Sie ist in süß-pikanter und scharfer Ausführung erhältlich. Besonders zu empfehlen sind chinesische Fabrikate.

Glasnudelsuppe mit Schinken

Für 1 Portion

2 getrocknete chinesische Champignons (z. B. Mu-err)
15 g Glasnudeln
2 TL Gemüse-Kraftbouillon (z. B. von Knorr)
40 g gekochter Schinken
1 TL Sojasauce
1 Prise Salz
1 Msp. Paprika edelsüß
2 Spritzer Zitronensaft
1 kleine Frühlingszwiebel (Asia-Laden)

- Pilze waschen und in 250 Milliliter Wasser mindestens 30 Minuten einweichen.
- Glasnudeln 10 Minuten in kaltem Wasser einweichen, abtropfen lassen, mit einer Küchenschere in kleine Stücke schneiden.
- Pilze mit der Pilzflüssigkeit und Gemüse-Kraftbouillon in den Wok geben. 5 Minuten kochen lassen.
- Schinken in Streifen schneiden, mit den Glasnudeln in die Gemüse-Kraftbouillon geben, aufkochen und 1 Minute zugedeckt kochen lassen.
- Die Suppe mit Sojasauce, Salz, Paprika und Zitronensaft würzen.
- Frühlingszwiebel putzen, waschen, in dünne Ringe schneiden und über die Suppe streuen.

Thai-Nudelsuppe

Für 1 Portion

1 Beutel Thai-Nudel-Suppe (z. B. von Du darfst)
180 ml kochendes Wasser
1 knapper TL TK-Schnittlauch

- Die Thai-Nudel-Suppe nach Packungsanweisung mit kochendem Wasser in einer Suppentasse aufgießen.
- Den Schnittlauch dazugeben, die Suppe kräftig umrühren und ziehen lassen.

Tipp
1 Teelöffelspitze Koriandergrün macht die Suppe pikanter.

Hühner-Nudel-Suppe asiatisch

Für 1 Portion

1 Beutel Hühner-Nudel-Suppe (z. B. von Du darfst)
180 ml kochendes Wasser
1 Spritzer Sojasauce
1/2 TL TK-Schnittlauch
2–3 Tropfen Chilisauce, scharf (z. B. von Bamboo Garden)
1 Scheibe Crips-Knäckebrot

- Die Hühner-Nudel-Suppe nach Packungsanweisung mit kochendem Wasser in einer Suppentasse aufgießen.
- Die Sojasauce und den Schnittlauch dazugeben, die Suppe kräftig umrühren und ziehen lassen.
- Zum Servieren mit Chilisauce abschmecken und das Knäckebrot dazu essen.

Tipp
Der TK-Schnittlauch sollte schon aufgetaut sein, bevor Sie ihn zugeben; die Suppe ist sonst nicht heiß genug.

Grüner Spargel mit Schnitzelstreifen

Für 1 Portion

150 g grüner Spargel
40 g Putenbrust- oder Schweineschnitzel
Salz
frisch gemahlener weißer Pfeffer
3 EL Reiswein (Sake)
1/4 TL Kartoffelstärke (2 g)
1 TL Sojasauce
1 TL Sesamöl

Tipp
Wer mag, kann das Fleisch ganz weglassen; dafür zusätzlich 50 Gramm Spargel nehmen.

- Vom grünen Spargel die harten Enden entfernen, die Spargelstangen in dünne Scheiben schneiden.
- Fleisch waschen, trockentupfen, in dünne Streifen schneiden und mit Salz, Pfeffer, 1 Esslöffel Reiswein, Speisestärke und Sojasauce mischen. 10 Minuten ziehen lassen.
- Sesamöl im heißen Wok erhitzen, das Fleisch zugeben und pfannenrühren, bis die Streifen rundherum eine weiße Färbung angenommen haben, herausnehmen und warm stellen.
- Spargel in den Wok geben und 4 Minuten pfannenrühren. Das beiseite gestellte Fleisch unterheben.
- Mit Salz, Pfeffer und dem restlichen Reiswein würzen.

Kürbisgemüse

Für 1 Portion

250 g Kürbisfleisch (ohne Schale)
80 ml Blaufischbrühe (Dashi) oder Gemüse-Kraftbouillon
5 Tropfen flüssiger Süßstoff
1 EL süßer Reiswein (mirin)
2 EL Sojasauce
1 Msp. Koriander-Grün (Glas)

- Kürbisfleisch in 5 cm große Stücke schneiden und im heißen Wok mit Dashi oder Gemüse-Kraftbouillon, Süßstoff und Reiswein zugedeckt 7 bis 8 Minuten dünsten. Zwischendurch einmal wenden.
- Sojasauce zugeben und weitere 7 Minuten zugedeckt garen. Mit Koriander-Grün würzen.

Variante

Das Gericht wird zu einem Kleinen Gericht (mit 200 kcal), wenn Sie 100 Gramm Tatar im Wok unter Pfannenrühren krümelig braten und mit dem Kürbisgemüse mischen. Eventuell noch mit Sojasauce abschmecken.

Tipp

Das Gemüse kann warm oder kalt gegessen werden. Besonders originalgetreu ist es, wenn Sie die japanische Kürbissorte »Kabocha« verwenden.

Kohlsuppe Asia

Für 1 Portion

1 Dose Kohlsuppe Asia (z. B. von Maggi)
1 Spritzer Sojasauce
1 Msp. Koriander-Grün (Glas)

- Kohlsuppe in einen Topf geben. Bei geringer Wärmezufuhr erhitzen, gelegentlich umrühren. Mit Sojasauce und Koriander-Grün würzen.

Tofu mit Zwiebeln und Gewürzen

Für 2 Portionen

100 g gekühlter Tofu
2 kleine Frühlingszwiebeln
1 kleines Stück Ingwerwurzel (2 cm)
2 Blätter Shiso
2 g Blaufischflocken (kezuri-bushi)
4 EL Sojasauce (z. B. von Kikkoman)

- Tofu würfeln und in eine Schale geben.
- Frühlingszwiebeln waschen, trockenschwenken, schräg in Ringe schneiden und in eine zweite Schale geben.
- Ingwer schälen und sehr fein schneiden. Die Shiso-Blätter grob schneiden. Shiso-Blätter, Ingwer und Blaufischflocken auf den Zwiebelringen verteilen.
- Sojasauce separat in ein Schälchen geben.
- Tofuwürfel und Zwiebelmischung mit der Sojasauce essen.

Info

Shiso sind die Blätter der so genannten Beefsteakpflanze. Ersatzweise können Sie auch Sauerampfer oder eingelegte Weinblätter verwenden.

Tipp

Dieses Gericht ist besonders originalgetreu, wenn Sie es mit Stäbchen essen.

Chinesische Gemüsesuppe

Für 1 Portion

1 gestrichenen TL Halbfettbutter
1/2 TL Curry, 1/2 TL Honig
1/2 Beutel Chinesische Gemüsesuppe (z. B. von Maggi)
110 g Sojabohnen-Keimlinge
1/2 Banane

- Butter in einem Topf oder im Wok erhitzen, Curry zugeben und darin unter Pfannenrühren anschwitzen. Honig und 375 Milliliter Wasser zugeben und alles aufkochen.
- Inhalt des halben Beutels Chinesische Gemüsesuppe einrühren.
- Sojabohnen-Keimlinge kalt abspülen, abtropfen lassen, in die Suppe geben und umrühren.
- Banane längs halbieren, in Scheiben schneiden und in die Suppe geben.

Tipp
Die restliche Gemüsesuppe können Sie auch zwischendurch nach Packungsanweisung zubereiten. Verrühren Sie 1 bis 2 EL (etwa 1/2) Eiweiß in der heißen Brühe.

Asiatische Gemüsesuppe mit Paprikaschote

Für 1 Portion

1 große Paprikaschote
1/2 Beutel Asia-Suppe exotisch (z. B. Fix Suppentopf von Maggi)
1/2 Ei (Kl. S)

- Paprikaschote putzen, waschen und in dünne Streifen schneiden.
- 375 Milliliter Wasser in einem Topf zum Kochen bringen. Paprikaschotenstreifen zugeben und bei kleiner Hitze 5 Minuten zugedeckt kochen, dabei hin und wieder umrühren. Inhalt des halben Beutels Asia-Suppe einstreuen.
- Ei verquirlen und kurz vor dem Servieren über die Zinken einer Gabel in die Suppe rühren. Nicht mehr kochen.

Grüner Bohnentopf asiatisch

Für 1 Portion

1 kleine Dose Grüner Bohneneintopf mit Rindfleisch (z. B. von Maggi)
1 Spritzer Sojasauce
1 TL Internationale Würzsauce Asia

- Inhalt der Dose in einen Topf geben, bei geringer Wärmezufuhr erhitzen, gelegentlich umrühren. Mit Sojasauce und Würzsauce Asia abschmecken.

Scharfer Minz-Joghurt

Für 1 Portion

1 Bund frische Minze
1 kleine grüne Chilischote
100 g Vollmilch-Joghurt
einige Tropfen flüssiger Süßstoff
Salz

- Minzblätter abbrausen, trockenschwenken, die Blätter von den Stielen zupfen und fein schneiden. Chilischote längs halbieren, die weißen Kerne und Trennwände entfernen. Die Hälften in feine Streifen schneiden.
- Alle Zutaten mit dem Joghurt verrühren und mit Süßstoff und Salz würzen.

Tipp
Den scharfen Minz-Joghurt können Sie als Dip zu Tomaten-, Sellerie-, Möhren oder Kohlrabistücken essen. Auch eine Scheibe Crisp-Knäckebrot passt gut dazu.

Gurken-Kefir-Shake mit Kerbel (Foto)

Für 1 Portion

200 g Salatgurke
150 g Kefir (1,5 % Fett)
1 TL mittelscharfer Senf
1 EL Kerbel, grob geschnitten
einige Tropfen Rapsöl, 1/2 TL Salz
frisch gemahlener weißer Pfeffer

- Gurke waschen, schälen und in kleine Stücke schneiden.
- Kefir, Senf, Kerbel und Rapsöl zufügen und alles pürieren.
- Gurkenmischung mit Salz und Pfeffer würzen und in ein Trinkglas füllen.

Tipp
Wenn Sie nur die Hälfte trinken wollen, stellen Sie die andere Hälfte des Gurken-Kefir-Shake bis zur nächsten Mahlzeit zugedeckt kühl. Zu jeder Mahlzeit dürfen Sie eine Scheibe Knäckebrot, extra dünn, dazu essen.

Walnuss-Ingwer-Joghurt

Für 1 Portion

1 kleines Stück Ingwerwurzel (1 cm)
15 g Walnusskerne
1 rote Chilischote, getrocknet
100 g Vollmilch-Joghurt
Salz
1 EL Zitronensaft

- Ingwer schälen und fein schneiden. Walnusskerne fein hacken. Die Chilischote zerkrümeln.
- Alles mischen und mit dem Joghurt verrühren, mit Salz und Zitronensaft würzen.

Tipp
Passt zu rotem oder grünem Hähnchen-Curry. Oder Sie essen zu dem Joghurt eine Scheibe Crisp-Knäckebrot.

Extras für den kleinen Hunger

Imbisse mit je 100 Kalorien

Gemüse	700 g Chinakohl 700 g Salatgurke 500 g Kohlrabi 500 g Spargel 400 g Brokkoli 400 g Kürbis 400 g Lauch 400 g Sauerkraut 150 g frische Sojabohnensprossen mit 1 EL Salatsauce 150 g Kopfsalat mit 1 EL Salatsauce	700 g Rettich 700 g Chicorée 500 g Paprikaschoten 500 g Tomaten 400 g Fenchel 400 g Pak Soi 400 g Möhren 400 g Zucchini 150 g Eisbergsalat mit 1 EL Salatsauce
Obst	250 g Erdbeeren 250 g Johannisbeeren 250 g Nektarinen 150 g frische Ananas 1 mittelgroße Banane (150 g) 2 mittelgroße Grapefruits (500 g) 2 Kiwis (je 80 g) 150 g Melone (Honigmelone) 125 g Weintrauben	250 g Himbeeren 250 g Orangen, 250 g Pfirsiche 200 g Apfel 200 g Birne 1 Scheibe (100 g) Ananas, ungesüßt (aus der Dose) 125 g Kapstachelbeeren (Physalis) 5 Litchis (je 20–30 g) 300 g Melone (Wassermelone)
Getränke (1 Glas = 200 ml)	Apfelsaft, Grapefruitsaft (Dose) Sauerkirschsaft Limonade, Cola 150 ml Rotwein 150 ml Weißwein 2 Gläser Möhrensaft Bier	Johannisbeersaft, Orangensaft Sojamilch 125 ml Kakaotrunk (mit Süßstoff gesüßt) Campari-Orange: 5 cl Campari mit 100 ml Orangensaft 125 ml Dextro Energy-Power Drink

Joghurt

1 Becher (150 g) Magermilchjoghurt (0,3 % Fett)

- 1 Becher Magermilchjoghurt mit Süßstoff und 125 g Erdbeeren
- 1 Becher Magermilchjoghurt mit Süßstoff und 1/2 mittelgroße Banane
- 1 Becher Magermilchjoghurt mit Süßstoff und 125 g Himbeeren
- 1 Becher Magermilchjoghurt mit Süßstoff und 1 kleine Orange
- 1 Becher Magermilchjoghurt mit Süßstoff und 125 g Johannisbeeren
- 1 Becher Magermilchjoghurt mit Süßstoff und 1 EL Apfelmus

Suppen

(Fertigprodukte, 250 ml) mit einem Kräcker

- 1 Teller Hühner- oder Fleischbrühe mit 1 Ei als Einlage
- 1 Teller Brokkolisuppe
- 1 Teller Grießklößchensuppe
- 1 Teller Tomatensuppe
- 1 Teller Fleischklößchensuppe
- 1 Teller Tomatencremesuppe
- 1 Teller Grünkernsuppe

Snacks

- 1/2 Portion Kartoffel Snack mit Broccoli & Crème fraîche
- 1/2 Portion Kartoffel Snack mit Frühlingsgemüse
- 1/2 Portion Kartoffel Snack mit Gartengemüse
- 1/2 Portion Kartoffelpüree mit Speck und Zwiebeln

Pikantes

- 50 g gewürztes Tatar mit Kresse und Kapern: dazu 1 dünne Scheibe Knäcke
- 2 Würfel Schafskäse mit 2 Tomatenscheiben und 1 Olive
- 1 Zwieback mit je 1 TL Butter und Sonnenblumenkernen
- 1 gehäufter EL Geflügelsalat
- 1 gehäufter EL Heringssalat
- 1 Ölsardine (30 g)
- 1 großer Langustino (100 g) mit 3 Tropfen Knoblauchöl
- 1 kleiner Rollmops
- 1 Feige mit 1 dünnen Scheibe Parma- oder Serranoschinken und 1 Grissini
- 1 Tomate mit Fleischsalat (50 g) gefüllt
- 5 mit Mandelkern gefüllte Oliven

Die 4-Wochen-Diät

Der Vier-Wochen-Speiseplan

Die folgende Rezeptauswahl wurde so zusammengestellt, dass der tägliche Speiseplan 1000 Kalorien umfasst. Sie können nach eigenem Geschmack Ihren Plan zusammenstellen.

Woche 1.

Montag

Frühstück (200 kcal)	Vierkornbrot mit Rucola-Quark (S. 24)
Mittags (400 kcal)	Wokgemüse mit Maccadamianüssen (S. 49)
Abends (200 kcal)	Ciabatta mit Putenbrust (S. 23)
Imbiss (je 100 kcal)	500 g Tomaten 1 Glas (200 ml) Apfelsaft

Dienstag

Frühstück (200 kcal)	Molke-Müsli mit Apfel und Leinsamen (S. 37)
Mittags (400 kcal)	Reis mit Orangen und Mango (S. 52)
Abends (200 kcal)	Rindfleischsuppe mit Schnittlauch (S. 92)
Imbiss (je 100 kcal)	1 mittelgroße Banane Gurkensalat (S. 105)

Mittwoch

Frühstück (200 kcal)	Knäckebrot mit Kräuter-Schmelzkäse (S. 25)
Mittags (400 kcal)	Buntes Gemüse mit Sesam (S. 51)
Abends (200 kcal)	Georgs Fitness-Knäcke (S. 32)
Imbiss (je 100 kcal)	250 g Erdbeeren 1 Tomate mit kalorienreduziertem Fleischsalat gefüllt

Donnerstag

Frühstück (200 kcal)	Apfel-Zimt-Müsli (S. 38)
Mittags (400 kcal)	Cashew-Chicken (S. 65)
Abends (200 kcal)	China-Suppe (S. 96)
Imbiss (je 100 kcal)	1 Glas (200 ml) Apfelsaft Scharfes Minz-Joghurt (S. 115)

Freitag	**Frühstück** (200 kcal)	Knäckebrot mit Wurst (S. 32)
	Mittags (400 kcal)	China-Pfanne mit Seelachs (S. 79)
	Abends (200 kcal)	Tomaten-Gurken-Brot (S. 35)
	Imbiss (je 100 kcal)	1 Tomate mit kalorienreduziertem Fleischsalat gefüllt
Samstag	**Frühstück** (200 kcal)	Vollkornbrot mit Tomaten-Rührei (S. 31)
	Mittags (400 kcal)	Schweinegeschnetzeltes Shanghai (S. 58)
	Abends (200 kcal)	Suppe mit Pak Soi und Fisch (S. 95)
	Imbiss (je 100 kcal)	1 Zwieback mit je 1 TL Butter und Sonnenblumenkernen
		125 g Weintrauben
Sonntag	**Frühstück** (200 kcal)	Dickmilch-Birnen-Müsli (S. 39)
	Mittags (400 kcal)	Gebratener Reis mit Gemüse (S. 50)
	Abends (200 kcal)	Thai-Salat mit Garnelen und Kiwi (S. 90)
	Imbiss (je 100 kcal)	2 Kiwis
		1 Glas (200 ml) Apfelsaft
Woche 2. **Montag**	**Frühstück** (200 kcal)	Toast mit Frischkäse und Gouda (S. 24)
	Mittags (400 kcal)	Gebratene Glasnudeln mit Fleisch (S. 64)
	Abends (200 kcal)	Dänischer Bagel (S.28)
	Imbiss (je 100 kcal)	150 g Ananas
		350 g Rettich und 1 großer Apfel
Dienstag	**Frühstück** (200 kcal)	Bananen-Müsli mit Sonnenblumenkernen (S. 40)
	Mittags (400 kcal)	Hähnchen China-Art (S. 66)
	Abends (200 kcal)	Reisnudelsalat (S. 86)
	Imbiss (je 100 kcal)	Rettich-Apfel-Salat (S. 103)
		1 mittelgroße Banane

Frühstück (200 kcal)	Sechskornbrot mit Käse und Feige (S. 26)	**Mittwoch**
Mittags (400 kcal)	Asiatisches Gemüse (S. 55)	
Abends (200 kcal)	Couscous-Salat Asia (S .86)	
Imbiss (je 100 kcal)	2 mittelgroße Grapefruits, 500 g	
	Sojasprossensalat mit Sesamsamen (S.106)	
Frühstück (200 kcal)	Aprikosen-Melonen-Müsli (S. 39)	**Donnerstag**
Mittags (400 kcal)	Gebratener Reis mit Früchten (S. 54)	
Abends (200 kcal)	Brötchen mit Ei-Kräuter-Tatar (S. 28)	
Imbiss (je 100 kcal)	1 Glas (125 ml) Kakaotrunk	
	150 g Melone	
Frühstück (200 kcal)	Vegetarisches Grahambrotschnitte (S. 25)	**Freitag**
Mittags (400 kcal)	Asiatische Fischpfanne mit Kokosmilch (S. 80)	
Abends (200 kcal)	Knäckebrot mit Obatzter (S. 34)	
Imbisse (je 100 kcal)	Thai-Nudelsuppe (S. 110)	
	1 Glas (125 ml) Kakaotrunk	
Frühstück (200 kcal)	Buttermilch-Trauben-Müsli (S. 42)	**Samstag**
Mittags (400 kcal)	Grünes Puten-Curry mit Erbsen (S. 67)	
Abends (200 kcal)	Glasnudelsalat mit Lachs (S. 89)	
Imbiss (je 100 kcal)	Chinakohlsalat mit Soja-Dressing (S.103)	
	Zucchini-süßsauer (S. 104)	
Frühstück (200 kcal)	Avocado-Shrimps-Schnitte (S. 26)	**Sonntag**
Mittags (400 kcal)	Entenbrust süßsauer (S. 71)	
Abends (200 kcal)	Kichererbsensalat mit Sesam-Chili-Dressing (S. 88)	
Imbiss (je 100 kcal)	150 g Kopfsalat mit 1 EL Salatsauce	
	50 g gewürztes Tatar mit Kresse und Kapern	

Woche 3.

Montag	**Frühstück** (200 kcal)	Apfel-Zimt-Müsli (S. 38)
	Mittags (400 kcal)	Eiernudeln mit Tofu und Spinat (S. 57)
	Abends (200 kcal)	Gemüse-Pfanne Asia (S. 101)
	Imbiss (je 100 kcal)	150 g Melone
		1 Becher Magermilchjoghurt mit Süßstoff und 1 kleiner Orange
Dienstag	**Frühstück** (200 kcal)	Vollkornbrot mit Feta-Käse (S. 30)
	Mittags (400 kcal)	Vegetarische China-Pfanne Sinkiang (S. 56)
	Abends (200 kcal)	Garnelensuppe mit Mais (S. 94)
	Imbiss (je 100 kcal)	1 Feige mit 1 dünnen Scheibe Parmaschinken und 1 Grissini
		1 Rollmops
Mittwoch	**Frühstück** (200 kcal)	Fitness-Cornflakes-Müsli (S. 46)
	Mittags (400 kcal)	Rotes Hähnchen-Curry (S. 68)
	Abends (200 kcal)	Ciabatta mit Putenbrust (S. 23)
	Imbiss (je 100 kcal)	Sojasprossen-Salat (S. 106)
		Gurkensalat (S. 105)
Donnerstag	**Frühstück** (200 kcal)	Brunch-Tomatenbrot mit Basilikum (S. 30)
	Mittags (400 kcal)	Buntes Gemüse mit Sesam (S. 51)
	Abends (200 kcal)	Vollkornbrot mit Tomaten-Rührei (S. 31)
	Imbiss (je 100 kcal)	150 g Ananas
		500 g Tomaten
Freitag	**Frühstück** (200 kcal)	Majacuja-Trauben-Quark mit Toppas (S. 46)
	Mittags (400 kcal)	Schweinefleisch mit Tamarinde (S. 60)
	Abends (200 kcal)	Avocado-Shrimps-Schnitte (S.26)
	Imbiss (je 100 kcal)	1 großer Apfel, 200 g
		1 Teller Brokkolisuppe, Fertigprodukt

4. Woche

Samstag

Frühstück (200 kcal)	Vollkornbrot mit geräuchertem Katfisch (S. 31)
Mittags (400 kcal)	Reisnudeln mit Surimi (S. 76)
Abends (200 kcal)	Tom Kha-Suppe (S. 90)
Imbiss (je 100 kcal)	Marinierte Gemüsesteifen (S. 104)
	150 g Ananas

Sonntag

Frühstück (200 kcal)	Melonen-Müsli (S. 47)
Mittags (400 kcal)	Hirschfleisch süß-sauer (S. 62)
Abends (200 kcal)	Frühlingsröllchen (S. 83)
Imbiss (je 100 kcal)	1 große Birne, 200 g

Montag

Frühstück (200 kcal)	Knäckebrot mit Kräuter-Schmelzkäse (S. 25)
Mittags (400 kcal)	Grünes Curry mit Pute (S. 68)
Abends (200 kcal)	Thai-Salat mit Garnelen und Kiwi (S. 90)
Imbiss (je 100 kcal)	125 ml Dextro Energy-Power-Drink
	1/2 Port.Kartoffel Snack mit Brokkoli und Crème fraîche

Dienstag

Frühstück (200 kcal)	Molke-Müsli mit Apfel und Leinsamen (S. 37)
Mittags (400 kcal)	Hähnchenpfanne mit Ingwer und Cashewkernen (S. 70)
Abends (200 kcal)	Brötchen mit Ei-Kräuter-Tatar (S. 28)
Imbiss (je 100 kcal)	Walnuß-Ingwer-Joghurt (S.116)
	2 Gläser (je 200 ml) Karottensaft

Mittwoch

Frühstück (200 kcal)	Vierkornbrot mit Rucola-Quark (S. 24)
Mittags (400 kcal)	Makrele mit Pak Soi und Taro (S. 74)
Abends (200 kcal)	Hühnertopf süßsauer (S. 98)
Imbiss (je 100 kcal)	350 g Salatgurke und 250 g Tomaten
	Gurken-Kefir-Shake mit Kerbel (S. 116)

Donnerstag	**Frühstück** (200 kcal)	Aprikosen-Melonen-Müsli (S. 39)
	Mittags (400 kcal)	Gebratener Reis mit Garnelen (S. 78)
	Abends (200 kcal)	Knäckebrot mit Wurst (S. 32)
	Imbiss (je 100 kcal)	1 Becher Magermilchjoghurt mit Süßstoff und 1/2 Banane
		1 Glas (200 ml) Apfelsaft
Freitag	**Frühstück** (200 kcal)	Dänischer Bagel (S. 28)
	Mittags (400 kcal)	Rindfleisch mit Galgant und Zitronengras (S. 61)
	Abends (200 kcal)	Glasnudelsuppe mit Schinken, doppelte Portion (S. 108)
	Imbiss (je 100 kcal)	1 Glas (200 ml) Apfelsaft
		1 Glas (150 ml) Rot- oder Weißwein (S. 118)
Samstag	**Frühstück** (200 kcal)	Kirsch-Joghurt mit Cornflakes (S. 43)
	Mittags (400 kcal)	Tipaliafilet auf Ingwer-Kürbisgemüse (S. 72)
	Abends (200 kcal)	Fisch-Plätzchen mit Lachs (S. 85)
	Imbiss (je 100 kcal)	1/2 Port. Kartoffel Snack mit Brokkoli und Crème fraîche
		1 Glas Campari-Orange (S. 118)
Sonntag	**Frühstück** (200 kcal)	Brunch-Tomatenbrot mit Basilikum (S. 30)
	Mittags (400 kcal)	Gebratener Reis mit Meeresfrüchten (S. 75)
	Abends (200 kcal)	Grüner Bohnentopf asiatisch (S. 115)
	Imbiss (je 100 kcal)	1/2 Port. Kartoffel Snack mit Brokkoli und Créme fraîche
		1 Glas (250 ml) Export-Bier

Rezeptregister

Die Autorin

Karin Iden, diplomierte Diätassistentin, war im Nestlé-Konzern für Verbraucherfragen zuständig und leitete danach das Kochstudio der Zeitschrift »Menü von A-Z«. Seit 20 Jahren arbeitet sie als freiberufliche Food-Journalistin und Autorin für Zeitschriften und Bücher. Sie lebt in Hamburg und ist Mitglied des Food Editors Club Deutschland (FECD).

Bibliografische Information Die Deutsche Bibliothek

Die Deutsche Bibliothek verzeichnet diese Publikation in der Deutschen Nationalbibliografie; detaillierte bibliografische Daten sind im Internet über http://dnb.ddb.de abrufbar.

Wichtiger Hinweis

Die im Buch veröffentlichten Ratschläge wurden mit größter Sorgfalt von Verfassern und Verlag erarbeitet und geprüft. Eine Garantie kann jedoch nicht übernommen werden. Ebenso ist eine Haftung der Verfasser bzw. des Verlages und seiner Beauftragten für Personen-, Sach- oder Vermögensschäden ausgeschlossen.

Bildnachweis

Coverfoto StockFood/Klaus Arras

Australische Macadamia-Nüsse: S. 48; Bamboo Garden: S. 4, 13, 69, 77, 82, 87, 91; CMA: S. 36, 117; Du darfst: S. 29, 33, 35; FIZ: 73; Knorr: S. 59, 67, 81, 97; Kikkoman: S. 102; Kellogg's: S. 47; Molkerei Müller: S. 41, 43; Neuseeländisches Hirschfleisch: S. 63; Karl Newedel: S. 3, 93, 109; Oryza: S. 53; Philadelphia: S. 22, 27; Silit: S. 17.

Projektleitung: Kathrin Gritschneder
Redaktion: Gertje Sckopp-Witte
Korrektorat: Damla Özbay
Herstellung und Satz: Dagmar Guhl
Umschlag: Daniela Meyer
Reproduktion: Premedia, A-Wels
Druck und Bindung: Offizin Andersen Nexö Leipzig GmbH
Printed in Germany
Gedruckt auf elementar chlorfrei gebleichtem Papier

ISBN 3-426-64176-3

5 4 3 2 1